THE TECHNICAL CONTENT OF THE IMPORT IN THE SERVICE TRADE AND THE EFFICIENCY OF MANUFACTURE SECTORS IN CHINA

河南大学经济学学术文库

服务贸易进口的技术含量与中国制造业效率

杨校美 著

社会科学文献出版社
SOCIAL SCIENCES ACADEMIC PRESS (CHINA)

　　本书感谢国家社会科学基金一般项目"经济新常态下中国生产性服务业发展的统计研究"（项目编号：17BTJ004）的资助。

总序

河南大学经济学科自 1927 年诞生以来，至今已有近 90 年的历史了。一代一代的经济学人在此耕耘、收获。中共早期领导人之一的罗章龙、著名经济学家关梦觉等都在此留下了足迹。

新中国成立前夕，曾留学日本的著名老一辈《资本论》研究专家周守正教授从香港辗转来到河南大学，成为新中国河南大学经济学科发展的奠基人。1978 年中国恢复研究生培养制度以后，周先生率先在政治经济学专业招收、培养硕士研究生，并于 1981 年获得首批该专业的硕士学位授予权。1979 年，河南大学成立了全国第一个专门的《资本论》研究室。1985年以后，又组建了河南大学历史上的第一个经济研究所，相继恢复和组建了财经系、经济系、贸易系和改革与发展研究院，并在此基础上成立了经济学院。目前，学院已发展成拥有 6 个本科专业、3 个一级学科及 18 个二级学科硕士学位授权点、1 个一级学科及 12 个二级学科博士学位授权点、2 个博士后流动站、2 个一级省重点学科点、3000 多名师生规模的教学研究机构。30 多年中，河南大学经济学院培养了大批本科生和硕士、博士研究生，并且为政府、企业和社会培训了大批专门人才。他们分布在全国各地，服务于大学、企业、政府等各种各样的机构，为国家的经济发展、社会进步、学术繁荣做出了或正在做出自己的贡献，其中也不乏造诣颇深的经济学家。

在培养和输出大量人才的同时，河南大学经济学科自身也造就了一支日益成熟、规模超过 120 人的学术队伍。近年来，60 岁左右的老一代学术带头人以其功力、洞察力、影响力，正发挥着越来越大的引领和示范作用；一批 50 岁左右的学者凭借其扎实的学术功底和丰厚的知识积累，已进入著述的高峰期；一批 40 岁左右的学者以其良好的现代经济学素养，开始脱颖而出，显现领导学术潮流的志向和实力；更有一大批 30 岁左右受过系统经济学教育的年轻人正蓄势待发，不少已崭露头角，初步展现了河南大学经济学科的巨大潜力和光辉未来。

我们有理由相信河南大学经济学科的明天会更好，经过数年的积累和凝练，它已拥有了支撑自己持续前进的内生动力。这种内生动力的源泉有二：一是确立了崇尚学术、尊重学人、多元发展、合作共赢的理念，营造了良好的学术氛围；二是形成了问题导向、服务社会的学术研究新方法，并据此与政府部门共建了中原发展研究院这一智库型研究平台，获批了新型城镇化与中原经济区建设河南省协同创新中心。学术研究越来越得到社会的认同和支持，也对社会进步产生了越来越大的影响力和推动力。

河南大学经济学科组织出版相关学术著作始自世纪交替的 2000 年前后，时任经济学院院长许兴亚教授主持编辑出版了数十本学术专著，在国内学术界产生了一定的影响，也对河南大学经济学科的发展起到了促进作用。

为了进一步展示河南大学经济学院经济学科各层次、各领域学者的研究成果，更为了能够使这些成果与更多的读者见面，以便有机会得到读者尤其是同行专家的批评，促进河南大学经济学学术研究水平的不断提升，为繁荣和发展中国的经济学理论、推动中国经济发展和社会进步做出更多的贡献，我们从 2004 年开始组织出版"河南大学经济学学术文库"。每年选择若干种河南大学经济学院在编教师的精品著述资助出版，也选入少量国内外访问学者、客座教授及在站博士后研究人员的相关著述。该文库分批分年度连续出版，至今已持续 10 年之久，出版著作总数多达几十种。

感谢曾任社会科学文献出版社总编辑的邹东涛教授，是他对经济学学术事业满腔热情的支持和高效率工作，使本套丛书的出版计划得以尽快达成并付诸实施，也感谢社会科学文献出版社具体组织编辑这套丛书的相关负责人及各位编辑为本丛书的出版付出的辛劳。还要感谢曾经具体负责组织和仍在组织本丛书著作遴选和出版联络工作的时任河南大学经济学院副院长刘东勋教授和现任副院长高保中教授，他们以严谨的科学精神和不辞劳苦的工作，回报了同志们对他们的信任。最后，要感谢现任河南大学经济学院院长宋丙涛教授，他崇尚学术的精神和对河南大学经济学术事业的执着，以及对我本人的信任，使得"河南大学经济学学术文库"得以继续编撰出版。

分年度出版"河南大学经济学学术文库"，虽然在十几年的实践中积累了一些经验，但由于学科不断横向拓展、学术前沿不断延伸，加之队伍不断扩大、情况日益复杂，如何公平和科学地选择著述品种，从而保证著述的质量，需要在实践中不断探索。此外，由于选编机制的不完善和作者水平的限制，选入丛书的著述难免会存在种种问题，恳请广大读者及同行专家批评指正。

耿明斋

2004 年 10 月 5 日第一稿，2007 年 12 月 10 日修订稿，2014 年 6 月 21
日第三次修订

摘　要

在经济全球化持续进行、信息技术不断发展和国家间协调制度逐步优化的条件下，资本、信息和技术等要素的流动性不断加强，服务贸易对推动科技创新和经济增长的作用越来越明显。这主要体现在服务进口向制造业的渗透，作为制造业的中间投入，服务业尤其是技术含量高的服务业，可以大幅度地提高制造业的附加值和国际竞争力，是制造业产业升级和经济结构转型的关键。

本书在相关理论文献和经验研究结果的基础上，构建了服务贸易进口促进进口国制造业效率提升的直接和间接效应理论分析框架，利用2001~2012 年中国制造业 28 个细分行业的面板数据，从服务贸易进口的技术含量角度，实证检验了服务贸易进口的技术含量对中国制造业效率的影响。经过检验我们有如下发现。第一，从直接效应来看，服务贸易进口的技术含量对中国制造业效率的提升具有显著的促进作用，并且，服务贸易进口技术含量越高的部门，其对中国制造业效率提升的促进作用也越明显。另外，服务贸易进口的技术含量对技术密集型行业的影响最大，其次是资本密集型行业，最后是劳动密集型行业。第二，从间接效应来看，服务贸易进口的技术含量对中国制造业效率的提升也具有显著的促进作用，但服务贸易进口技术含量越高的部门，其对中国制造业效率提升的促进作用越弱，并且服务贸易进口的技术含量对资本密集型行业的促进作用最大，其次是劳动密集型行业，最后是技术密集型行业。第三，就影响程度而言，服务贸易进口的技术含量对中国制造业效率提升的直接效应大于间接效应，且直接效应和间接效应呈现出非一致性的发展态势。

在制造业"服务化"深入发展的今天，从全球范围内寻求高质量的服务产品来弥补自身服务业发展的不足是后发型经济体实现制造业升级和经济发展方式转型的一个现实和必然的选择。但在进口服务产品时，不应该只注重数量的扩张，更应注重质量的提升。因此，在服务贸易进口内容上，要注重于具有高溢出性、高关联性和高融合性的服务产品的进口。另外，人力资本是知识和技术的载体，高端服务业的发展和制造业的优化升级离不开优质人力资本的积累，要努力吸引全球最好的人才加入，为国内和国际的市场服务。此外，由于非物质性是服务的特有属性，道德风险和逆向选择在服务业的交易活动中大量存在，进而提高了交易成本，降低了交易效率，增加了经济运行的成本，阻碍和限制了服务业和其他行业的发展。所以，中国保证服务业健康快速成长的关键在于切实改善服务业生存和发展的制度环境。

Abstract

On the condition of the ongoing economic globalization, the continus development of information technology and the coordinate institution between countries gradual optimization, the factors mobility of capital, information and technology continue to strengthen, and accelerate the division of labor beyond national boundaries, make service trade be a greatly push to technological innovation and economic growth. It mainly embody that service import infiltrate manufacture sectors, by way of intermediate inputs of manufacture sectors, the service industry especially high technical content service can largely increase manufacture sectors added value and competitive power, what is the key of manufacture industry upgrading and structural transformation of the economy.

On the basis of the relevant theory literature and the empirical study results, construct the framework of the direct effects theoretical analysis and indirect effects theoretical analysis, by the use of 28 sub-sectors panel data of manufacture sectors from 2001 to 2012 in China, from the point of the technical content of the import in the service trade, and analyze the impact of the technical of the import in the service trade to the efficiency of China's manufacture sectors. The results confirm that, firstly, from the viewpoint of direct effects, the technical content of the import in the service trade can promote the the efficiency of China's manufacture sectors, and the sectors with the higher technical content of the import in the service trade have greater influence on the efficiency of China's manufacture sectors. In addition, the technical content of the import in the service trade have the greatest impact on the technology-intensive sectors, the impact on the capital-intensive sectors, then the labor-intensive sectors. Secondly, from the viewpoint of indirect effects, the technical content of the import in the service trade can also promote the efficiency of China's manufacture sectors, but the sectors with the higher technical content of the import in the service trade have weaker influence on the efficiency of China's manufacture sectors, and the technical content of the import in the service trade have the greatest impact on the capital-intensive sectors, the impact on the labor-intensive sectors, then the technology-intensive sectors. Thirdly, as far as the degree of influence is concerned, the direct effects of the technical content of the import in the service trade have greater than the indirect effects to the efficiency of China's manufacture sectors, and the direct effects and the indirect effects present the nonuniformity development situation.

With the development of manufacturing servitization, seeking the high quality service products from the global scope to make up for the lack of service industry development is a realistic and inevitable choice for developing countries for achieving manufacture sectors upgrading and the transformation of economic development mode. However, when importing the service products, it should lay emphasis on the quality, not only quantity. Therefore, in the import content of service trade, it should lay stress on the service products that is high spillover, high relavant and high integrated. Moreover, human capital is the support of knowledge and technology, the development of high-end service industry and the optimization and upgrading of manufacture sectors can not without the accumulation of high quality human capital, it should strenuously attract global excellent talents to join for market service industry at home and abroad. Furthermore, since service industry always transact some invisible service and promise, the probability of moral hazard and adverse selection would be greatly strengthen. So the key of guarantee China's service industry healthy and rapid growth lies in effectively improve the institution environment of service industry survival and development.

Keywords: Service Trade; Technical Content of the Import; Manufacturing Efficiency; Fully Modified Ordinary Least Squares

目　录

图表目录

第一章 导论

第一节 问题的提出

在全球商业活动中，国际服务贸易和服务业投资是一个日益重要的组成部分。信息和通信技术的进步扩大了跨境服务贸易的范围。现在，许多国家允许外国资本对新近私有化的竞争市场进行投资，投资的范围包括能源、电信、运输等领域。而且，越来越多的人开始走出国门，成为旅游、教育和医疗服务的消费者，或者是提供服务，范围涉及建筑、金融和软件开发行业。实际上，服务业是全球经济中增长最快的部门之一。此外，服务业的发展对于发展中国家经济增长和消除贫困至关重要。其直接原因是服务业已经成为发展中国家财政收入的重要来源，间接原因是其金融、通信、交通、教育和医疗等相关服务业已经影响到其他行业的发展和社会生产力水平。目前，许多国家服务业发展水平的滞后已经损害了国民的利益，不仅是普通消费者，同时也严重影响到从公司到农场各个实体和机构的生产力，限制了劳动生产率的提高和经济的增长。

当前，在中国人口红利逐渐消失、劳动力成本不断提高、资源能源过度消耗、环境破坏程度不断加剧、产能过剩急剧累积及产业结构亟待调整和优化升级的多重因素作用下，中国经济发展进入"换挡调整期"。根据国家统计局 2014 年 10 月 21 日公布的数据，2014 年第三季度 GDP 同比增长 7.3%，低于第一季度的 7.4% 和第二季度的 7.5%，前三季度同比增长 7.4%。经济增速的下滑说明了中国已经从高速增长的档期进入了中等速度增长的档期，经济进入了"新常态"时期。而这种"新常态"主要包括以下三个方面的内容。第一，经济增速的放缓：经济的超高速增长是"非常态"的，它是不能持久的，这是一个规律（厉以宁，2014）。第二，经济增长动力的转换：从投资和出口驱动向消费驱动的转换。第三，经济发展方式的转变：实现由资源投入和出口需求驱动的粗放型增长方式到技术进步和效率提高驱动的集约型增长的转型。而这一转换和转型的核心内容，又是服务业的发展：制造业的服务化和服务业在国民经济中比重的提高（吴敬琏，2008）。

对中国而言，2013 年中国跃升为世界第一大货物贸易国。但是中国距离贸易强国仍然有较大的差距。出口产品仍处于全球产业链的低端，其附加值较低、知名品牌较少。2000～2010 年，发达国家、世界总水平和中国工业增加值率的平均水平分别为 40%、35% 和 26.5%。中国工业增加值率要低于发达国家 13.5 个百分点，低于世界总水平 8.5 个百分点（张杰等，2013）。另外，2012 年，中国服务业增加值占国内生产总值的比重为 55%，同期发达国家的美国、英国、法国、德国和日本的这一比重分别为 79%、79%、79%、69% 和 73%，和这些发达国家相比，中国服务业的发展明显滞后；同期，南非、巴西、俄罗斯和印度的服务业增加值占国内生产总值的比重分别为 69%、68%、60% 和 56%，与中国经济发展水平和发展阶段相似的国家相比，中国这一指标的差距仍然较大。[①] 这说明中国服务业的发展水平无论是和发达国家相比，还是和金砖国家相比都有不小的差距。

一个经济体的持续发展，人均收入水平的不断提高，有赖于劳动生产率水平的提高，而后者取决于技术的不断创新和产业的不断升级。发

---

① 数据来源于世界银行 WDI 数据库。

达国家的技术和产业处于世界前沿，其创新和升级都有赖于自己的发明，其成本高、风险大；发展中国家的技术和产业水平都处于发达国家技术、产业前沿的内部，在技术创新和产业升级上有后发优势，可以用引进、模仿、消化、吸收作为技术创新、产业升级的来源，其成本和风险远低于发达国家，且在比较短的时间内可以实现经济的赶超（林毅夫，2014）。

服务贸易可以作为获得高级要素的重要途径，进而影响到制造业效率的提升和产业结构的优化升级。在制造业服务化、服务业信息化和贸易自由化的推动下，世界服务贸易得到了迅速发展。1980～2012年，全球服务贸易总额从7674亿美元扩大到85022亿美元，其是1980年的11倍，年均增长率达到7.8%。同时，由于信息技术发达、科研实力雄厚和人力资本储备丰裕，在国际服务贸易交易中，发达国家仍然占据着主导地位，引领着服务贸易发展的方向，且多数为贸易顺差国。其中，美国、英国、德国三国2012年服务贸易出口额分别为6514.9亿美元、2918.6亿美元、2705.7亿美元，分别占全球服务贸易出口总额的14.98%、6.71%、6.22%。①并且服务贸易优势多集中在金融、保险、计算机和信息服务等资本、技术以及知识密集型的服务业领域；反观发展中国家，其服务贸易规模小，且多处于贸易逆差，服务贸易多集中在旅游、建筑工程承包、劳务输出、海运等传统劳动密集型服务业领域。

就中国而言，2001～2012年，中国服务贸易年均增速为17.8%，是全球平均增速的2倍。2012年，中国服务贸易规模逐步扩大，外贸占比进一步提高。据中国商务部统计，2012年中国服务贸易进出口总额（按国际收支口径统计，不含政府服务）达到4705.8亿美元，全球排名提升到第三位，同比增长12.3%，超过世界范围进出口平均增幅10.3个百分点，占世界服务贸易进出口总额的5.6%，同比提升0.5个百分点。服务贸易占对外贸易总额的比重达到10.86%。服务贸易出口

---

① 数据来源于《中国服务经济发展报告2013》，并经笔者计算所得。

额为 1904.4 亿美元，增长 4.6%；进口额达到 2801.4 亿美元，增长 18.2%。① 另外，和中国服务贸易快速增长和规模急剧膨胀相对应的却是逆差状态长期存在，并且这种逆差态势呈愈演愈烈之势。2000 年中国服务贸易逆差为 57.1 亿美元，2013 年就增加到 1184.6 亿美元，13 年间增长了 19.7 倍，年均增长率为 26.3%。② 且服务贸易逆差主要集中在保险、金融、专有权利使用费和特许费等知识和技术密集型行业。

那么，作为最大的发展中国家，在服务经济尤其是知识和技术密集型服务业发展相对不足的情况下，中国能否通过服务商品的进口，特别是技术含量高的服务产品的进口来弥补自身的不足，从而推动制造业效率的提升和产业结构的优化升级，这是本书关注的重点问题。

第二节　基本概念的界定

一　服务与服务业基本范畴概述

伴随着信息科学技术的快速发展和全球网络系统的深度融合，服务业尤其是生产者服务业在全球经济发展中的地位日益提高，其在各国国民经济中所占的比重不断提升，逐渐成为世界各国经济发展的动力和源泉。那么，服务是什么？服务又具有怎样的特性？这是我们首先要回答和厘清的主要问题。对于服务的定义，相关的研究文献大都是从服务所具有的、商品和物品所不具备的特有的属性角度入手来对服务进行定义的。比如 Hill（1977）、张圣翠和赵维加（2000）对服务的定义。其实从本质上来讲，服务就是人们在日常的交往和交易过程中，一些人根据另一些人的某种需要而开展的针对性的活动。就服务所具有的特殊属性

---

① 数据来源于中国商务部网站。
② 数据来源于中国商务部网站，并经笔者计算所得。

而言，按照裴长洪和彭磊（2008）的分类标准，他们认为，服务具有不可感知性、不可分割性、不可储存性、异质性以及所有权不可转让性。不可感知性是指，在一般情况下，组成服务的各种要素以及服务所具有的特有属性都是无形的，客户在购买相关的服务并消费后才能体会到效用的存在，才能感觉到满足，所以，和普通的实体商品的消费相比，很难对服务的好坏进行理性的判断；不可分割性是指服务的生产和消费是在同时完成的，这一特性使服务利益的获取必须以服务接受者的配合和参与为前提；不可储存性是指服务伴随着消费而产生，而又伴随着消费而消失，因此对于服务而言，加速服务产品的生产和扩大服务的规模是较为困难的；异质性是指同一类服务的品质差异是一种常态，这主要是由于服务品质涉及服务提供方和服务接受方两方因素的制约，也就是说，服务品质既受服务人员素质差异的影响，又受需求方个人差异的影响；所有权不可转让性是指服务的生产和消费过程中不涉及所有权的转移，因此，服务这一特征导致服务交易比商品交易的风险大，服务交易更为复杂。

上面我们提到了服务的概念和服务的属性，下面我们将研究服务业的概念和属性。首先，服务业是一个总体性的概念范畴，是所有服务的总称，既包括一些可以从市场上进行交易的服务，也包括类似于家务劳动等一些非市场交易的服务。其次，由于服务具有和实体商品所不同的特有的属性和特点，所以，服务业的概念和范围也没有一个固定的、统一的、能适用于世界各国的定义和范围，只能根据各国的具体情况进行具体的分析。最后，服务业的概念和范畴会随着一国经济发展阶段和经济发展水平的不同而呈现出不同的特征属性。另外，一些非经济因素，比如历史文化传统等，也会对服务业产生重大的影响。所以，服务业的定义和范围是一个非常复杂的、具有多种决定因素的、动态的过程。

正是服务所具有的特殊的和复杂的属性，才使得服务和商品呈现出不一样的特性。服务的定义和测度方法，服务业的劳动分工、规模经济和生产率变化等都有独特性，服务业还广泛涉及一些超经济、非经济的问题。服务业加快发展的含义及其对增长、就业、物价、收入分配和国民福利的影响，比物质产品更为复杂，理解服务经济，如何使服务和服务业更好地为其他行业和产业服务，这也是本书研究的意义所在。

二　第三产业与服务业

从现有的研究来看，一般情况下，都会把第三产业和服务业混为一谈，认为第三产业就是服务业，服务业就是第三产业，只不过是一枚硬币的两面而已，尤其是在中国，在研究和分析中国的服务业发展情况时，大都采用第三产业的统计数据，当然这和中国特定时期特定的发展阶段和统计制度相关。但从严格意义上来说，第三产业和服务业存在一定的差别。首先，从第三产业的特征来看，第三产业是和第一产业、第二产业相对应的，是从经济系统的供给角度来考虑的，第一产业和第二产业的发展是物质基础，只有第一产业和第二产业发展到了一定的程度和规模，才能推动和促进第三产业的发展和进步；从功能上讲，第三产业是指对消费者提供最终消费服务以及对三次产业生产者提供中间生产服务的部门。其次，从服务业的特征来看，服务业主要是和农业、工业相对应的，是从经济系统的需求角度来考虑的，并且，按照发展经济学的相关理论，经济发展的一般规律是农业、工业和服务业。也就是说，农业劳动率水平的提高为工业的发展提供了坚实的物质基础，而随着工业化水平的不断提高和推进，服务业会在国民经济中占据重要的地位。

服务业和第三产业的概念是一个动态的和可调整的概念体系，随着一国经济发展水平和发展阶段的不同，服务业和第三产业的概念和内涵也会发生变化。以中国为例，比如 2003 年新颁布的产业分类将农、林、牧、渔业归类到第一产业，而将建筑业及其相关工程产业归类到第二产业，而服务业分类又将供电、供水、供热等第二产业部门纳入其中。因此，我们在进行产业分类分析时，应针对具体情况具体分析。

三　传统服务业和新型服务业

根据服务业所内含的知识、信息和技术的不同，可以把服务业分为传统服务业和新型服务业。一般情况下，传统服务业是指为了满足人类生存和健康发展需要的，在工业化之前就已经存在的产业，比如，餐饮和医疗服务等。新型服务业是指随着科学技术和网络科技的快速发展而出现的资金和技术高度密集的、知识含量高的服务行业。其本质是知识、信息和技术密集型服务业，包括产品研发、设计、创新服务、品牌营销服务等，只有具备一定知识和技术的工人才能够提供这种服务，是典型的人力资本密集型行业。相对于传统服务业，新型服务业更能产生整体经济效益，更能促进一国的经济增长和发展，这是因为，这类服务是重要的中间投入品，对于知识的传播至关重要。比如，高效规范的金融业可以使储蓄有效地转化为投资，确保资源用于回报最大的地方，并有助于更好地分担经济中的风险。完善的健康和教育体系更能促进人力资本储备的积累，而运行良好的商业服务如会计和法律服务可以有效地降低交易活动的成本。因此，鉴于新型服务业具有诸多有利于提高一国整体经济绩效的特性，许多国家都把如何促进新型服务业的发展放在一个十分重要的位置，甚至是制定国家战略予以大力的扶持。

四　服务业的分类

关于服务业的分类问题，由于每个国家的统计分类标准和经济发展历程、水平不同，所以，至今还没有形成一个统一和权威的分类标准，从现有的研究文献来看，大致有以下几种。

早期的研究者一般都是基于描述性的分类方法，以服务业所处的经济发展阶段，服务业的来源和功能为基础对服务业进行分类，代表性的研究有如下文献。Katouzian（1970）从服务业在不同的经济和历史发展阶段所具有的不同特点入手，将服务业分为新兴服务业、补充服务业和传统服务业。Bacon 和 Eltis（1976）从服务业的来源视角，将服务业分为由公共资源提供的市场服务和由私人资源提供的非市场服务。Sin-gelman（1978）则将服务业分为流通服务、生产者服务、社会服务、个人服务，他的分类基础是依据服务业的功能。而后各国统计制度的不断完善、统计数据的不断完整和可获得性不断提高，特别是投入产出计算方法的不断发展，使得世界各国投入产出表的编制工作获得了很大的提高，因此，各国的研究者开始从实证和经验研究的角度，基于投入产出表的分析方法对服务业进行了分类。其中，比较有代表性的研究文献如下所示。Goodman 和 Steadman（2002）利用美国 2000 年的投入产出表，将服务业分为生产者服务业、消费者服务业和混合服务业，他的判定标准是把中间需求率高于 60% 的部门定义为生产者服务业，把中间需求率低于 40% 的部门定义为消费者服务业，而把中间需求率大于 40% 小于 60% 的部门定义为混合服务业。就中国学者而言，李冠霖（2002）利用中国 1997 年的投入产出表，把服务业分为两种，即生产者服务业和生活服务业，以 50% 的中间需求率为划定标准，生产者服务业的中间需求率高于 50%，生活服务业的中间需求率低于 50%。李善同等（2008）克服了上述研究文献中只使用单一分类指标的缺点和不足，使用中间使用率和非居民最终消费比率两个指标，以服务业整体的平均值为标准，利用中国 2002 年的投入产出表，把服务业分为生产者服务业、消费者服务业和社会公共服务业。生产者服务业高于服务业整体的平均值，消费者服务业低于服务业整体的平均值，介于中间的归为社会公共服务业。

就以上研究文献中关于服务业的分类标准而言，不同研究者的视角不同，采用的计算方法亦存在差别，所以，这些分类方法不存在优劣之分，在实际的研究和分析过程中，应根据具体的统计分类标准和统计数据的完整性进行具体的研究。

五　服务贸易

服务贸易由来已久，甚至可以说，它与商品贸易几乎是同时产生的。然而，长期以来，服务贸易处于从属的地位，且份额很低，因此，并未受到足够的重视。1972 年，OECD 在全球首次提出"服务贸易"的概念。此后在关税与贸易总协定（WTO 的前身）乌拉圭回合谈判（1986~1994 年）中，服务贸易被列入正式议题之一。自此，有关服务贸易的理论和政策研究才受到各方面的重视，与服务及服务贸易有关的议题也被纳入各种多边、区域性和双边贸易谈判日程。服务包括很多不同的活动，如货物和人的运输、金融中介、通信、配送、酒店和餐饮、教育、健康护理、建筑和会计。与商品贸易不同，服务通常是无形的、看不见的、容易消失的，并且在通常情况下服务的生产和消费是不能分割的，是同时进行的。许多情况下需要服务的消费者和生产者在空间上接近。这意味着其中一方必须到另一方所在地，才能使国际贸易成为可能。由于对贸易的传统定义（产品的跨越国境）在一系列广泛的国际贸易中失去了其含义，所以，GATS 采用了一种更为宽泛的服务贸易定义，即通常所说的服务贸易的四种提供方式，包括跨境交付模式、境外消费模式、商业存在模式和自然人流动模式。服务贸易的这四种提供方式已经成为当下研究和分析服务贸易问题的基本出发点和主要的分类依据。

就服务贸易的具体分类情况，我们可以用图 1-1 来简单地予以描述。当然了，在理想条件下，如果能拥有各服务行业在各种供应模式下的贸易统计，是十分有用的。这将能够评估不同供应模式在特定行业的相对重要性，以及影响各种供应模式所采取措施的作用。然而，在实际的应用中，唯一可以获得的全球服务贸易统计是国际货币基金组织（IMF）的国际收支平衡表：它登记了居民和非居民之间的贸易。根据国际收支平衡表的规定，如果生产要素转移到另一国家的时间超过一年（有时会灵活变动），就被定义为属地发生了变化。转移的生产要素生产的产品或服务在东道国市场出售，不会被当作贸易记录在国际收支平衡表中。因此，涉及商业存在以及自然人在某地超过一年的贸易不会被记录到国际收支平衡表数据中。虽然，国际收支平衡表对服务贸易的衡量存在这样或者那样的问题，但是，和全球其他的衡量服务贸易的统计情况相比，该统计指标还是比较可靠和合理的。所以，本书关于服务贸易的研究也是基于国际货币基金组织的国际收支平衡表，不过会根据具体的研究情况进行相应的补充。

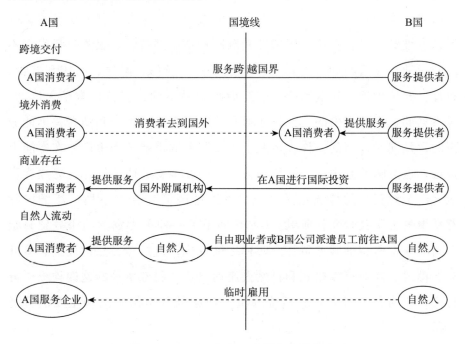

图 1-1　GATS 框架下的服务贸易分类

六　小结

为了保持服务业数据统计的连贯性、一致性、可比性和完整性，本书沿用李善同等（2008）的分类方法，并参照 2003 年 5 月中国新颁布的产业分类标准《国民经济行业分类》（GB/T 4754—2002），将服务业分为生产者服务业、消费者服务业和社会公共服务业。服务业的细分行业包括交通运输、仓储和邮政业，信息传输、计算机服务和软件业，批发和零售业，住宿和餐饮业，金融业，房地产业，租赁和商务服务业，科学研究、技术服务和地质勘查业，水利、环境和公共设施管理业，居民服务和其他服务业，教育，卫生、社会保障和社会福利业，文化、体育和娱乐业，公共管理和社会组织等 14 个行业。

第三节　结构安排、研究方法与技术路线图

本书共有七章组成，具体结构安排如下。

第一章是导论。主要介绍选题的背景和意义，基本概念的界定，结构安排、研究方法与技术路线图，本书的创新点。

第二章是文献回顾与理论框架。对现有相关理论文献和相关经验研究的回顾与总结，构建出本书的理论分析框架，为接下来的实证研究奠定理论基础。

第三章是现状分析。首先分析了中国服务贸易的发展现状及存在的问题；其次分析了中国服务业的发展现状及存在的问题；最后论述了现阶段中国制造业的发展现状及存在的问题，为本书的研究提供现实的数据支撑。

第四章实证研究了服务贸易进口的技术含量对中国制造业效率影响的直接效应。第一部分是引言，第二部分是计量模型与数据说明，第三部分是实证研究的结果与分析，第四部分是结论。

第五章实证研究了服务贸易进口的技术含量对中国制造业效率影响的间接效应。第一部分是引言，第二部分实证检验了服务贸易进口的技术含量对中国服务业发展的影响，第三部分实证检验了中国服务业的发展对中国制造业效率提升的影响，最后是结论。

第六章从直接效应、间接效应和总效应三个层面实证检验了服务贸易进口的技术含量对中国制造业效率提升的影响。

第七章是结论与政策建议。对本书的研究进行了概括和总结，在此基础上提出相应的政策建议。

鉴于服务经济研究的复杂性，本书采用历史的和逻辑的分析方法、注重规范分析和实证分析相结合。从规范分析的角度来看，从中国服务贸易、服务业和制造业发展历史进程中总结出当下中国由制造业大国向

制造业强国转变过程中存在的问题。从实证分析的角度来看，利用中国制造业 28 个细分行业和服务业 14 个细分行业的数据，比较详尽地考察了服务贸易、服务业和中国制造业效率三者之间的关系，为提升中国制造业效率和产业结构优化升级提供相应的数据支撑。为了更为直观地了解本书的研究框架，图 1-2 给出了本书的简单的技术路线。

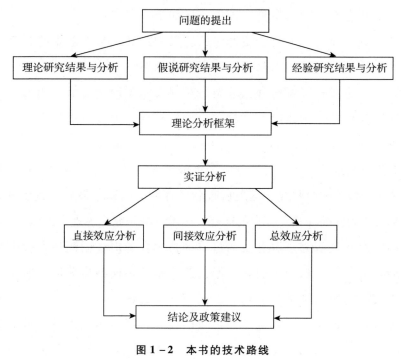

图 1-2　本书的技术路线

第四节　本书的创新点

本书的创新主要有以下两点。

第一，对服务贸易进口的技术含量影响进口国制造业效率的机制进行了系统研究。既有的研究文献大都把服务贸易进口尤其是生产者服务进口作为下游制造业企业的中间投入品来分析，通过降低中间投入品成本和提高中间投入品效率来推动制造业效率的提升，即只注重服务贸易进口促进制造业效率提升的直接效应，而往往忽视了服务贸易进口对进口国服务业的影响。而本国服务业的发展反过来又会促进下游制造业企业的效率提升，即服务贸易进口促进制造业效率提升的间接效应。本书在兼顾直接效应的同时，又主要研究服务贸易进口的技术含量促进制造业效率提升的间接效应，并把直接效应和间接效应融为一体来探讨服务贸易的影响，这一研究丰富了服务贸易与制造业效率之间关系的理论认识。

第二，本书把服务贸易进口的技术含量因素纳入了分析框架，不仅使研究结果更加完整与可靠，而且有助于深化相关的理论研究与实证研究。现有的研究文献大都只注重服务贸易进口"数量"方面的影响，即以服务贸易进口金额对制造业效率的影响为研究对象，而相对忽视了服务贸易进口"质量"方面的影响，即没有考虑服务贸易进口技术含量的差异。服务贸易引起的制造业效率的改进，就其影响机制来讲主要是获得高端、优质的生产者服务，其通过高质量的要素投入来带动一国产品向"微笑曲线"的两端爬升，进而提高一国在全球分工和价值链中的地位，并促进一国的产业结构优化升级。因而，如果没有对服务贸易技术含量侧面的分析，就很难理解服务贸易对制造业效率的影响。

第二章　文献回顾与理论框架

第一节　相关理论文献回顾

Copeland 和 Mattoo（2004）认为，国家间贸易的产生主要有两个原因：第一，比较优势（Comparative Advantage）；第二，规模收益递增带来的专业化（Specialization）或集聚效应（Agglomeration Effects）。这两个原因同时适用于服务贸易和商品贸易，也同样适用于跨境贸易和其他贸易模式，包括商业存在和自然人流动。第一个原因依靠的是国家间的基本差异而产生贸易：技术、自然资源、土地与劳动力比率、政府政策、机构和其他因素存在差异，这些差异都会导致投入和产出的价格差异，价格差异又促使了贸易的形成。第二个原因依靠的是规模效应产生贸易，至少有四种不同的方式：市场定位效应、特定公司的无形资产的发展、集聚和网络来解释相似国家间的贸易。早期的国家贸易理论大多从差异的角度，解释国家间贸易的发生，如比较优势理论、要素禀赋理论。这些理论对当时各个国家之间国际贸易的产生、贸易收益以及贸易平衡具有相当的解释力，并且由于其模型是建立在古典经济理论基础之上的，所以，这些理论模型成为早期研究国际贸易问题的标准范式。而随着世界经济的发展和各国经济联系的日益紧密，自 20 世纪 60 年代以来的国际贸易所表现出来的特征与现有的国际贸易的标准范式所预期的情况并不完全一致。国际贸易主要发生在资源、技术和偏好相似的发达国家之间，发达国家与发展中国家的国际贸易所占的比重却比较低，并且，发达国家之间的国际贸易多发生在工业制成品之间，更多地表现为产业内贸易。因此，近几十年以来的国际贸易理论开始解释相似国家（地区）间和同产业之间的贸易。对于服务贸易而言，因其特有的属性和供应模式等原因，规模收益或集聚效应是其产生的根本原因。因此，在现有的研究国际服务贸易问题的文献中，关于服务贸易、服务业和制造业效率之间互动关系的机制分析主要是基于规模收益递增和集聚效应条件下的分析，归纳起来大致有以下四种理论：Jones 和 Kierzkowski（1990）提出的生产区段和服务链（Production Blocks and Service Links）理论，Markusen（1989）提出的服务部门内部专业化（内部积聚）理论，Francois（1990）提出的外部专业化（强调服务业在协调和联结各专业化中间生产过程中的外部积聚作用）理论和 Markusen 等（2005）对上述理论模型的补充。

一　生产区段和服务链理论

Jones 和 Kierzkowski（1990）提出的生产区段和服务链（Production Blocks and Service Links）理论认为，信息科学技术的快速发展，服务尤其是生产者服务的生产成本趋于下降，服务产品的价格变得越来越便宜，进而导致跨国服务的使用也变得越来越快捷和低廉，这又进一步促使了服务生产的分散化、迂回性。并且伴随着经济全球化和一体化程度的不断加深，生产的全球化和国际化成为跨国企业追求利润的主要经营方式，全球生产网络的不断发展和完善促使制造业企业依据自身特有的垄断竞争优势，在全球范围内寻求成本最低的地方或区域进行生产。随着生产过程分散在全球不同的地点，就需要一系列的服务链（这些服务链包括运输、管理和金融保险服务等）为全球的生产提供帮助和保证，协调和润滑企业的生产过程，提升企业的运行效率。

虽然生产区段和服务链理论主要论述了国际服务贸易发生的原因，

但对于我们研究服务贸易与制造业发展之间的关系有重要的启发意义：制造业企业在生产过程中应该注重服务贸易所发挥的重要作用，通过国际服务贸易在全球范围内寻求高质量、低成本的生产者服务，借助国际服务链将制造业产品的生产过程分散到全球不同的地点，从而降低制造业产品的生产成本，提高制造业产品的生产效率和产品竞争力。

二 马库森（Markusen）的内部积聚理论

Markusen（1989）以 Ethier（1979，1982）的模型为基础，发展了一个两部门的一般均衡模型来探讨具有规模经济的生产者服务和其他专业服务的国际贸易。Markusen 认为，随着一国开展服务贸易，该国的企业就有机会获得更多的生产者服务，当企业使用这些服务作为中间投入品时，生产成本将降低。假设一国没有开展任何形式的贸易，即经济处于自给自足的状态，货物贸易和服务都被禁止，那么，最终产品的价格水平是和该国的国内市场规模密切相关，市场规模水平越大，最终产品的价格水平就越低。这是因为，只有广阔的市场环境才能支持更多的服务，才能促进服务提供的增长和发展。另外，由于商品贸易和服务贸易具有不同的特性，所以，Markusen 又分析了商品贸易自由化和服务贸易自由化的不同，他认为，如果只考虑最终产品的贸易自由化，则由于商品生产追求营利性的特性而倾向于向市场规模大的大国积聚。因而大国可以通过最终产品的贸易自由化提高产品产量，进而获得收益。但是，如果大国的禀赋条件发生了变化，比如劳动力成本由原来的廉价变得昂贵了，那么，商品生产就无法在大国进行充分的积聚，这又会引起大国最终产品部门产量的下降，最终产品产量的下降降低了对生产者服务部门的需求，进而造成生产者服务部门的萎缩和产量的下降，最后导致大国受损。如果只考虑范围产品的贸易自由化时，Markusen 模型的一个显著特点是国内服务和国外服务是互补的，即一国可以通过服务贸易自由化获得本国原先并不具备或无法获得的服务。一般情况下，按照传统的比较优势理论，从国外进口的服务要比本国同类服务的价格更为低廉，质量更为优良，但这并不会对本国的服务形成压力和威胁，也不会挤压对本国服务的需求，相反，国内服务和国外服务的联合使用能够发挥各自的比较优势，形成优势互补的有利局面，能够更为有效率地生产最终产品。这表明，和最终产品的贸易相比，生产者服务贸易等特殊中间投入品贸易的获利更多。无论是对于服务贸易进口国来说，还是对于服务贸易出口国来说，服务贸易特别是生产者服务贸易的自由化可以保证贸易相关方的福利同时增加。

Markusen 的内部积聚理论对于我们研究服务贸易、服务业与制造业之间的关系可以产生如下的启示。第一，服务贸易自由化，特别是作为中间投入品的生产者服务的贸易自由化，是促进进口国制造业效率提升的一个有效途径。原因是随着生产者服务贸易自由化的开展，进口国的制造业企业有机会获得更多和质量更优的生产者服务，当本地的制造业企业将这些质优价廉的进口生产者服务作为中间投入品使用时，生产成本就会下降，效率就会提高，进而制造业产品也更具竞争优势。第二，国内服务和国外服务呈现出互补的特征而非替代的特征，这为我们通过服务贸易自由化的策略来提升进口国的服务业水平提供了一个理论基础。也就是说，通过开展生产者服务贸易，除了能促进制造业产品的效率之外，还能促进进口国生产者服务业的发展。也就是说，服务贸易自由化不仅能够通过降低中间投入品的价格，增加中间投入品的种类来降低进口国制造业企业的平均生产成本，而且能够对本国的服务形成优势互补，进而促进进口国服务业的发展。

三 弗兰克斯（Francois）的外部积聚理论

与 Markusen（1989）强调提出的服务部门内部专业化（内部积聚）模型相反，Francois（1990）则强调服务在协调和联结各专业化之间生产过程中的外部积聚作用。他通过建立一个具有张伯伦垄断竞争特征的产品差异模型（一个部门、两个国家），讨论了生产者服务由于专业化而实现的报酬递增，以及生产者服务贸易对货物贸易的影响。

Francois 假定进行贸易往来的两个国家的禀赋条件、经济行为主体的偏好和技术水平完全相同，随着国际贸易的产生，现有企业之间将出现重组和兼并，生存下来的企业比开展贸易之前更具有效率和竞争能力。并且，可供消费者消费的产品种类也不断增多，质量不断提高。企业规模的扩大促使他们采用更加专业化的生产方式进行生产，这就需要更多、更专业化的生产者服务与之匹配。因此，货物贸易的发生将导致企业规模的扩大和生产者服务的增长。Francois 还假定货物由技能工人生产，服务由非技能工人生产，两国的禀赋条件不同。模型首先假设只进行货物贸易的自由化，而对服务贸易自由化进行限制。在均衡条件下，根据要素均等化理论，货物价格随着贸易的进行将实现均等化，禀赋状况良好、技术水平较高的那个国家的服务价格将更加便宜。其次，放松假设，允许服务贸易发生。禀赋状况良好、技术水平较高的那个国家出口服务以换取货物。服务贸易自由化将导致服务进口国所生产的货物种类增多，规模扩大，进而促使其采取更加专业化的生产方式进行生产。服务出口国将转向更多或更少的专业化的生产方式，使两国相对于全要素收入的制造品价格下降，进而促使两个国家的福利水平上升。

Francois 的外部专业化理论对于我们研究生产者服务贸易与制造业发展之间关系具有相当的启发意义：服务贸易自由化，特别是生产者服务贸易自由化将导致服务进口国制造业产品种类的增多和规模的扩大，规模的扩张必然引致专业化分工的进一步深化和细化，专业化分工的深化和细化又会引起制造业产品价格的下降和质量的提高，进而提升生产者服务进口国制造业产品的效率和国际竞争力。因此，服务贸易进口对进口国制造业劳动生产率的提高具有相当重要的现实意义，特别是对于经济发展水平落后的发展中国家来说，服务贸易进口无疑是推动本国制造业发展和经济增长的一个重要的外部力量。

四 马库森（Markusen）等的扩展模型

Markusen 等（2005）在 Markusen（1989）和 Francois（1990）理论模型基础之上通过建立作为中间投入品的生产者服务的垄断竞争的静态和动态模型分析了一国开展服务贸易的收益。该模型认为服务具有以下五个方面的性质：中间产品，属于技能和知识密集型产品，以规模收益递增进行生产，具有强烈的差异性，对于国外企业具有很高的进入壁垒。并且认为，正是上述这些性质的存在使得发展中国家或转型经济体通过生产者服务进口可以获得很多优势，具体表现在以下四个方面：第一，由于生产者服务产品差异化的特性，一国生产者服务产品的进口对本国生产者会产生互补作用而非替代作用；第二，生产者服务产品的进口可以节约本国熟练劳动力的投入；第三，可以为下游产业，特别是下游的制造业企业提供物美价廉的服务；第四，可以弥补本国生产者服务（对于发展中国家来说是高端的生产者服务）要素的缺失，增强国内最终产品的竞争力。

从短期的静态模型和长期的动态模型推导结果中可以看出，国内技术工人的实际工资随着对国外服务提供者的政策自由化而提高，国内市场外企越多，国内技术工人的实际工资就提高越多。因此，尽管从国外公司进口投入品，并且利用国内技能劳动力的强度比国内企业低，但是，增加的外国企业降低了最终产品生产中的中间投入服务产品的成本，进而增加了最终产品部门的相对重要性，而根据模型的假设条件，最终产品是服务密集型的。因此，在一般均衡条件下，国内技能劳动力和特定的国外投入是相互补充的。对此的一个可能的解释是：发展中国家的一些政策不仅可能导致国民收入的损失，而且可能会减少他们希望获得援助的生产要素，这些政策包括限制进口国外的投入品或者是迫使外国的跨国公司采用发展中国家的技能要素，而这些要素本应该是使用国外投入要素的。

该模型和以前所有的服务贸易理论模型不同的是，在除了进行理论模型的构建和分析之外，还对模型进行了数值模拟。这使得该理论更具有操作性和可信性，就模拟的结果而言，在静态模型中，贸易和 FDI 的自由化可以使东道国获得 GDP 的 3% 到 15% 的收益，这主要依赖于参数的设定。这些收益的来源是增加的中间服务企业提高了最终产品部门的劳动生产率，这些最终产品部门的生产把服务作为中间投入品。服务企业的增多使最终产品生产者采用更多的专业化服务，同时市场的扩大促使了更多专业化机器设备的投入使用。

在动态模型中，企业总数量和全要素生产率从第一个时期开始稳步提高，但是对于第一个五年，国内企业数量却大幅减少。但最终国内企业数量保持稳定（国内企业的边际产量随着国内企业数量的减少而增加）。根据前面的假定，人力资本是国内企业的特定要素，所有新入行者都进入劳动力市场，现存技能劳动力的一个给定比例可以在外国企业中被培训使用。随后，初始时期在国外企业中的实际工资是比较高的，所有国内新的有技能的劳动力都进入了国外公司。转型时期潜在的损失者是国内企业中具有特定属性的技能劳动力。这些技能工人遭受损失和前面所做的比较强的假设条件有关，前面假设至少 50% 的技能工人是不流动的。当我们假设 50% 或者更多的初始技能劳动力不流动（或者是国内服务企业的特定要素）时，七年（或者更长时间）之后，技能工人的实际工资在国外服务企业和国内服务企业之间实现了均等化，并且在服务部门 FDI 自由化后，实际工资得到了大幅提高。如果有 60% 或者更多的技能劳动力发生流动，那么最终的调整成本将消失，即使是不能发生流动的技能劳动力的工资也得到了快速提高。

在长期中，技能劳动力和非技能劳动力的实际工资水平都得到了提高，因此，使经济避免了 Stolper – Samuelson 的诅咒，在这个理论中，另外一种要素的境况必然变坏。在长期中，每一个人都获益，并且经济将转向出口，而此前由于该种投入品的缺失只能从国外进口。

Markusen 等（2005）的扩展模型的主要贡献在于从长期和从动态的角度来分析一国开展服务贸易自由化的益处，这为我们更深层次地研究和分析服务贸易、服务业和制造业之间的关系指明了方向。在长期中，从动态的角度来看，服务贸易、服务业和制造业之间更多地会呈现出相互促进、相互作用、相互依赖和共同发展的态势。这种发展态势更多的是一种双向互动关系，而不是单向的促进作用。特别是在信息网络技术飞速发展的今天，国与国之间的联系日益紧密，这种双向互动的关系开始跨越国界，在全球范围内形成了一种良性的互动，这种互动关系不仅对发达国家有利，而且对服务业发展水平落后的发展中国家更为有利。当然，如何从实证的角度对上述的互动关系进行度量和模拟是本书后续的研究计划，但该模型所体现出来的思想和方法为本书接下来的理论分析框架的构建起到了引领和促进的作用。

五　结论与评述

规模收益递增是资本密集型中间服务和知识密集型生产者服务的共同特点，因此，基于规模经济和不完全竞争的上述国际服务贸易理论为我们研究其对制造业效率的影响提供了必要的理论支撑。具体而言，Jones 和 Kierzkowski（1990）提出的生产区段和服务链理论，运用服务链概念将生产进行国际化，通过服务贸易在全球范围内寻求具有成本优势的生产区段，进而发挥比较优势，提高企业的生产效率，促进本国经济的增长。在 Markusen（1989）的理论模型中，由于在服务贸易条件下，企业有机会获得更多的生产者服务，当企业使用这些服务作为中间投入品时，生产者通过提供专业化的服务，有利于降低制造业企业的成本，提高效率。在 Francois（1990）理论模型中，生产者服务对各种具体的生产活动进行协调，由于国际服务贸易降低了生产者服务的成本，而服务在协调和联结各专业化之间生产过程中发挥着重要的作用。所以，随着国际服务贸易的发展，生产者服务的成本降低，专业化程度提高，从而获得规模经济和专业经济，进而带来制造业效率的提升。Markusen 等（2005）的扩展理论模型表明，国外服务企业的进入在总体上可以促进东道国的经济增长：一方面，国外更有效率的生产者服务的进入，给当地的制造业企业带来了更为有效率的生产者服务投入，其生产成本必然下降，收益提高，生产进一步扩张，新雇用工人的数量将大于国外服务企业进入所导致的本地服务业企业工人失业的数量；另一方面，部分原来依靠进口的服务行业由于效率的提升和规模的提高而可能会变成出口服务企业。

总结以上四种理论，可以将 Markusen（1989）和 Francois（1990）提出的理论看作对 Jones 和 Kierzkowski（1990）提出的生产区段和服务链理论的进一步论证和补充，所不同的是 Markusen 主要从服务部门内部专业化（内部积聚）的角度入手，而 Francois 主要是从外部专业化（强调服务在协调与联结各专业化中间生产过程中的外部积聚作用）的角度入手。Markusen 等（2005）的扩展理论则是 Markusen 内部专业化理论和 Francois 外部专业化理论的集大成者，该研究框架在分析跨国服务企业进入东道国市场时，加入了一个东道国服务提供商尚无足够的竞争力和规模建立跨国企业的假定，使得该模型的这个假定更加接近于发展中国家和转型经济体的实际情况。另外，该理论分析框架除了对现有的静态模型进行扩展之外，还建立了动态模型，并运用数值模拟的方法对静态模型和动态模型进行了实证分析，使得该理论更加贴近于现实。

上述理论研究文献为我们研究服务贸易如何促进进口国制造业效率的提升提供了坚实的理论基础，但也存在以下不足。首先，现有的理论研究大都是把服务尤其是生产者服务作为制造业生产的中间投入品来分析，通过国际服务贸易，带来中间投入品专业化程度的提高、成本的下降和效率的提高，进而促进制造业效率的提升，因此，这是一种直接效应分析。国外服务企业和服务产品的进入对国内服务企业和服务产品又会产生什么样的影响？而受此影响的国内服务又会对本国的制造业企业产生什么样的影响？这是现有理论研究文献所没有关注的地方，笔者把服务贸易对本国服务业产生影响，而本国服务业反过来又对本国制造业产生影响的这种传导机制称为服务贸易促进制造业效率提升的间接效应。总体而言，现有的理论研究只注重服务贸易促进制造业效率提升的直接效应而忽视了间接效应。其次，把服务看作同质的，没有考虑到服务的异质性。也就是没有考虑到不同的服务其技术含量是不同的，技术含量的不同无论是对本国的服务业还是对制造业来说都会产生不同的影响。

第二节　相关假说文献回顾

一　引言

服务业比重的上升是否有利于社会整体效率的提升，曾经是一个颇有争议的问题。这主要体现在"鲍莫尔病"问题的提出。Baumol（1967）通过对服务业部门和制造业部门的分析和研究之后指出，与制造业部门的劳动生产率相比，服务业部门的劳动生产率增长速度缓慢并且难以提高，从而服务业比重的上升将拖累整个经济的增长。这就是著名的"鲍莫尔病"（Baumol's Cost Disease 或 Baumol's Disease）问题。

"鲍莫尔病"问题提出之后，引起了社会上的极大关注，媒体和研究人员纷纷发表意见，担忧发达国家服务业超过制造业的发展会引起"产业空心化"（Industrial Hollow-out）。但随后的一些研究人员（如Griliches，1994；Triplett and Bosworth，2004）认为鲍莫尔病问题在现实中是不存在的，只是统计方法和实证研究的角度不同所造成的。并且，20 世纪 90 年代美国经济的快速发展和服务业在国民经济中的比重不断提高的事实情况，也进一步从实际上推翻了鲍莫尔病问题的存在性，说明了服务业不会拖累整体经济的增长。相反，由于服务业的发展能有效地降低商品交易中的交易成本，能提高生产的专业化程度，降低生产过程中的生产成本，所以，其是经济效率提升和经济增长的源泉。

既然服务业的发展能降低产品生产过程中的平均生产成本，且鲍莫尔病问题在现实的实证分析中并不必然存在，那么，服务业是如何提高制造业的效率的？服务业与制造业之间存在何种关系？这是我们关注的重点问题。按照李善同等（2008）的分类方法，服务业与制造业之间的关系主要有以下四种假说：第一，需求遵从论假说；第二，供给主导论假说；第三，互动论假说；第四，融合论假说。

二 需求遵从论假说

一般的经济发展理论都认为，世界各国的经济发展轨迹是农业、轻工业、重工业、高新技术产业和服务业。也就是说，服务业是经济高度发展后的产物，是在制造业发展过程中逐渐产生和出现的，没有制造业的产生、发展和进步，就不会形成对服务产品的有效需求，也就不可能使经济发展过渡到服务经济时代。这是因为，一方面，制造业的发展形成了对原材料和商品的运输服务的需求，形成了在产品生产和销售过程中投融资的金融服务的需求，而制造业企业产业升级和新产品的研发也需要相关的研发机构和研发服务。另一方面，随着制造业企业规模的不断膨胀，生产程序也变得越来越细化，生产工艺也变得越来越精巧，企业内部的人员构成也越来越复杂，这必然会带来企业规模和组织规模的扩张，也就需要相应的企业和组织管理制度对制造业企业的运行效率进行指导和优化，企业经营管理服务和组织协调服务也就应运而生。

因此，根据经济的自然发展规律，有不少的研究者认为，服务业发展处于需求遵从的地位，制造业是服务业发展的前提和基础，服务业则是制造业的补充（Petit，1986；Cohen and Zysman，1988；Rowthorn and Ramaswamy，1999；Klodt，2000；Guerrieri and Meliciani，2003；波特，2012；张世贤，2000；江小涓和李辉，2004）。波特（2012）从地区和国家两个层面分析了服务业与制造业之间的关系，他认为，服务业是从制造业中分离出来的，没有制造业的发展，就不可能形成对服务业的有效需求。张世贤（2000）在工业投资效率与产业结构变动的研究中指出，发展中国家要想实现经济的发展和进步，要想实现人均收入水平的提高和人民生活水平的提升，工业化道路是发展中国家最佳的战略选择。只有工业化发展了，才能为服务业的发展提供基础和动力，服务业才能获得发展。江小涓和李辉（2004）的研究表明，服务业比重随着经济发展不断上升是一个普遍认可的规律，而中国从 20 世纪 90 年代以来，服务业却一直处在一个低水平稳定的态势，有悖于经济发展规律，但中国经济依然保持了全球最快的发展速度，这从另一个方面说明了中国服务业的发展是附属于经济发展的。

三　供给主导论假说

需求遵从论假说主要是从市场的需求一方来论述服务业和制造业之间的关系，进而得出相应的结论。而供给主导论假说则主要从市场供给的角度为研究的出发点，该观点认为，服务业发展的水平和规模决定了制造业发展的水平和规模。早期的古典经济学家萨伊认为，就供给和需求的相互关系而言，供给会自动创造自己的需求，只要产品生产出来就会被购买和销售，不会存在产品滞销的问题，产品的过剩更不会导致经济危机的发生，这就是著名的"萨伊定律"（Say's Law）。具体到服务业和制造业之间关系的问题上来，随着研发、材料采购、设计、品牌营销、物流管理、金融等服务业的不断完善和发展，服务业提供服务的种类和质量在不断提高，服务提供能力不断得到加强，而这些服务又是制造业在发展过程中所必需的，因此，为了提高制造业企业的运行效率和产品的竞争能力，制造业企业将因为服务提供能力的增强而不断扩大产能和采用先进的技术，进而产生规模经济，降低成本，提高产品的劳动生产率水平。服务业提供的服务正是通过制造业企业的服务需求得以满足和更新。正是服务业提供的服务不断升级和发展，才诱使制造业企业不断地利用质优价廉的服务生产出高质量、低成本的工业产品。

正因如此，持供给主导论假说的研究者一般都认为，服务业处于供给主导地位是制造业生产率提高和竞争力提升的前提和基础。只有生产者服务业的健康快速发展，才能使制造业部门的劳动生产率和竞争力得到提高和提升（Markusen，1989；Francois，1990；Pappas and Sheehan，1998；Karaomerlioglu and Carlsson，1999；Eswaran and Kotwal，2001；顾乃华，2005；顾乃华等，2006；江静等，2007；吴敬琏，2008）。Markusen（1989）认为，生产性服务业通过提供专业化服务，有利于制造业降低成本、提高效率。顾乃华（2005）以处于转型时期的中国为研究对象，以社会主义市场经济体制尚不完善为研究视角，详细地考察了生产者服务业的发展对中国制造业部门的影响。他认为，服务业对工业的发展具有强烈的外溢效应，通常情况下，这种外溢效应可以分为外溢生产效益和外溢改革效应。其中，外溢生产效益又包括两种形式，第一种是为工业品的生产提供更加专业化的中间投入品，还可以丰富中间投入产品的种类，种类的增多和专业化程度的提高，降低了工业品的生产成本，提高了工业品的产出效率。第二种是拓展了工业品销售市场：市场规模的扩大，既能使分工进一步细化，又能促使规模经济和范围经济的产生，使得工业品劳动生产率提高。外溢改革效应是指充当工业转移剩余劳动生产力的渠道：随着经济发展进入工业化中后期，会产生大量的剩余劳动力，在社会保障体系短期内无法完善的情况下，服务业的发展可以吸纳这些从工业部门分离出来的剩余劳动力，从而解除了工业企业深化产权改革的最为重要的瓶颈。顾乃华等（2006）利用2000～2002年3年间的面板数据实证考察了中国转型期生产者服务业发展与制造业竞争力的关系，其研究结果表明，生产者服务业的发展对中国制造业效率的提升具有显著的促进作用，并且，具有显著的区域性特征，在东部地区、中部地区和西部地区中，生产者服务业对制造业效率提升的促进作用最为明显的是东部地区。从生产者服务业的细分行业来看，金融、保险等知识和技术密集型行业对中国制造业竞争力提升的促进作用最大。江静等（2007）通过设定 D－S 垄断竞争模型，构建了生产者服务业影响制造业效率的传导途径，并利用地区和行业面板数据，实证检验了生产者服务业对中国制造业效率的影响，结果表明：从总体上来看，生产者服务业的发展对中国制造业效率的提升有显著的促进作用。并且从具有不同要素密集度特征的分行业层面来看，生产者服务业对中国制造业效率提升的影响存在差异，具体而言，科学技术对技术密集型行业劳动生产率的促进作用最大；金融保险对资本密集型行业劳动生产率的促进作用最大；交通运输对劳动密集型行业劳动生产率的促进作用最大。另外，从影响的时效性上来看，科学技术对制造业劳动生产率的促进作用存在时滞。吴敬琏（2008）从市场交易的角度分析了服务业的功能，他认为市场交易过程中需要相应的服务来降低交易费用，进而促成交易活动完成。特别是在市场经济高度发达的情况下，市场的运行环境变得更为复杂，这就更需要专业化的服务来为市场经济服务，没有完善的服务业体系就不可能降低交易成本，就不可能促使市场经济的有效运转。所以，市场经济和服务业的发展是休戚相关、相互促进的。市场经济的发展离不开服务业的发展，而服务业的发展也离不开市场经济的不断完善和进步。

四　互动论假说

以上两种假说——需求遵从论假说和供给主导论假说都从不同的侧面分析了服务业与制造业之间存在的联系，对我们厘清二者之间的关系大有裨益，但共同的不足和缺陷是过于绝对和武断，无法真实地反映现实的经济运行情况，而在实际的生产过程中，服务业与制造业之间是一种互相影响、相互促进、彼此依赖、共同发展的互补性关系。随着制造业生产规模的扩大和产品层次的提高，对服务业比如新产品的研发、品牌营销、物流管理和金融保险服务等的需求也会迅速增加，而根据总供给和总需求模型，在服务供给不变的情况下，服务需求的增长必定带来服务产品价格的上升，服务业厂商利润水平的提高，追求利润最大化的厂商就会雇用新的工人，购买新的原材料，开足马力进行新的服务产品的生产和销售。另外，在完全竞争条件下，还会不断有新的服务企业进入来追求市场中存在的利润，进而引起服务业企业的增加。而对于制造业企业而言，随着市场上服务产品产量的扩张、种类的增多和服务企业的不断加入，减少了市场交易活动中存在的摩擦，降低了交易费用，使区域内的制造业企业以最低的交易成本和生产成本从事生产，从而使得工业产品更具竞争力，促使制造业的产业结构优化升级，进一步促进本地区制造业的发展。

所以，互动论假说的支持者认为，服务业与制造业是相互联系、相互促进、相互影响和相互推动的关系（Park and Chan，1989；Shugan，1994；Park，1999；Bathla，2003；陈宪和黄建锋，2004；李善同等，2008；高觉民和李晓慧，2011；殷凤，2011；沈家文，2012；席艳乐和李芊蕾，2013）。Park 和 Chan（1989）的研究发现，在经济发展过程中，服务业与制造业更多地表现为一种互相联动，你中有我、我中有你的关系。从制造业方面来看，一方面，随着制造业部门规模的扩张和产量的增加，对产品的研发、设计、运输、物流管理、品牌营销、金融、保险等生产性服务业的需求会迅速增加，专业化分工的程度也不断提高和细化，进而降低了制造业产品的生产成本，提高了制造业部门的劳动生产率；另一方面，生产性服务业部门的扩张，增加了制造业部门中间投入产品的种类，加大了中间投入产品的市场竞争程度，进而降低了中间投入产品的价格，提高了中间投入产品的质量。随着经济发展程度的不断提高，制造业和服务业之间呈现出相互促进、相互依赖的关系。李善同等（2008）认为，应该从市场供给和需求两个方面来分析生产者服务业与制造业之间的关系，虽然在特定情况下，市场会由于某些原因，比如需求偏好或供给能力发生了变化，而出现某一方占据主导地位的现象，但随着竞争者的逐渐加入，这种现象便会慢慢减缓甚至消除，因此，从动态的角度、长远来看，二者之间是一种互动发展的关系。高觉民和李晓慧（2011）从产业整体和内部结构的关系角度入手，以要素分配为基础，建立了一个用于解释制造业与服务业互动关系的理论模型，并利用中国 2000～2007 年 30 个省区的面板数据，实证检验了生产者服务业与制造业之间的关系，经验研究的结果显示，生产者服务业与制造业之间呈现出相互促进的关系，具体到计量模型的回归的弹性系数，生产者服务业产值每增加 1%，能带来制造业产值增加的区间是0.111% 到 0.248%。而反过来，制造业产值每增加 1%，能带来生产者服务业产值增加的区间是 0.316% 到 0.957%。就回归方程的弹性系数而言，中国的现实情况是，制造业对生产者服务业的促进作用要大于生产者服务业对制造业的促进作用。当然，不同的研究者由于所建立的模型、所采用的统计数据和所使用的计量分析方法各不相同，结论也会有所不同。比如，殷凤（2011）采用中国 1978～2006 年的时间序列数据，运用向量自回归（VAR）模型并结合投入产出法，实证分析了中国制造业与服务业之间的关系，研究结果显示，中国制造业与服务业之间存在双向溢出效应，具体到计量模型回归的弹性系数，作为中间投入品的生产者服务业产值每增加 1%，制造业的劳动生产率就提高 0.86% 到0.95%；而制造业产值每增加 1%，生产者服务业的产值就提高0.87%。因此，殷凤（2011）与高觉民和李晓慧（2011）的研究结果有所不同，具体表现在，制造业和生产者服务业谁对谁的促进作用更大方面，但共同的特点是，中国制造业与生产者服务业呈现出相互促进的态势，研究结果都支持互动论假说。沈家文（2012）利用中国 1978～2008 年的时间序列数据，以中国 2002 年的投入产出表为研究依据，通过格兰杰因果检验的分析方法，对中国生产者服务业与制造业之间的关系进行了实证分析，经验研究的结果表明，中国的生产者服务业与制造业升级之间存在双向因果关系，生产者服务业发展导致制造业升级，同时制造业升级导致生产者服务业的发展。席艳乐和李芊蕾（2013）以长三角地区为例，以 1997 年、2002 年和 2007 年的投入产出表为研究的数据基础，利用 1989～2012 年的时间序列数据，实证分析了生产者服务业与制造业之间的关系问题，实证检验的结果显示，长三角地区的生产者服务业与制造业之间存在双向因果关系，这说明，长三角地区生产者服务业与制造业之间存在相互促进、相互影响和共同发展的关系。具体到长三角地区各省区之间的关系时，由于各省区的基础设施建设、物质资本累积情况、人力资本存量、产业配套资金投入和科研投入各不相同，所以，服务业与制造业之间的互动关系呈现出一定的差异性，江苏的互动关系最为明显，其次是上海，最后是浙江。

五　融合论假说

随着网络信息技术的飞速发展，原有的产业模式和生产方式也正在经历着深刻的变化，就服务业与制造业而言，二者之间的界限变得越来越模糊，并呈现出一定的融合趋势。这主要表现为制造业的服务化，即制造业本身的服务化，或者是制造业企业对服务增值功能的重视。服务尤其是高质量的生产者服务已经成为制造业企业的核心竞争要素。一般而言，制造业服务化包括投入的服务化和产出的服务化。投入的服务化是指制造业企业在生产过程中主要依靠无形的服务投入来提升产品的质量和竞争力。产出的服务化是指制造业企业为了满足自身的发展需要直接提供服务，尤其是生产者服务。随着原材料和劳动力成本的不断上升，单纯地依靠从加工、组装和制造中获得利润的传统盈利模式已经难以为继，一些企业把制造业逐渐剥离，开始从事服务（尤其是生产者服务）的生产和提供，一些过去属于制造业的企业甚至已经被归为服务业企业。例如，过去以 IT 产品供应商著称的宏基就已被排在台湾服务业十强企业的名单中，而台湾三星电子、和泰汽车、松下产业科技、台湾东芝数位资讯、台湾飞利浦电子工业、台湾东芝电子等都已经作为服务企业进入 2004 年台湾服务业排行榜的前列（吴敬琏，2008）。制造业投入的服务化或产出的服务化进一步推进了服务业和制造业的产业融合发展，并为服务业和制造业之间的互为融合发展提供了新的机遇和挑战。

在信息网络技术和知识经济飞速发展的今天，已经有一些学者开始关注并深入研究服务业和制造业之间的这种融合发展趋势（Lundvall and Borras，1998；Szalaveta，2003；植草益，2001；周振华，2003；夏杰长和霍景东，2007；李美云，2011；李文秀和夏杰长，2012；王晓红和王传容，2013；姚小远，2014）。随着经济全球化的推进和国际产业分工的细化，产业链条进一步被拉伸，扁平化的发展态势逐渐显现。鉴于此，夏杰长和霍景东（2007）以北京为例分析了制造业与生产性服务业融合发展的路径。他们认为，必须以开放的视野来坚持服务业与制造业的融合发展，提出"跳出服务业看服务业，提高服务业对制造业的推力；跳出制造业看制造业，提高制造业对服务业的拉力；跳出北京看服务业，提高服务业的对外辐射力；跳出发展阶段看制造业，提高制造业服务化经营水平"4个高技术制造业和生产性服务业发展战略。李美云（2011）从全球价值链的角度来分析服务业与制造业之间的融合。她指出，从全球价值链的角度来看，该种融合过程实际上就是服务业与制造业在全球价值链上的分解与重构过程，正是这种基于全球价值链的分解与重构，使得原有的产业之间的边界变得越来越模糊，各种产业的融合发展趋势逐渐加强。此后，李文秀和夏杰长（2012）、王晓红和王传容（2013）分别从自主创新和产业转型的角度入手，深刻分析了制造业与服务业融合发展的态势，并从不同的角度对如何促进二者的融合发展提出了相应的政策措施。而随着网络信息技术的快速推进，二者之间的融合形式、融合内容和融合态势都发生了深刻的变化。为此，近年来也有学者开始关注这种融合形式的改变，比如，姚小远（2014）通过对当今世界的发展态势进行研究后发现，在信息化、知识化深入发展的情况下，尤其是在2008年国际金融海啸席卷全球之后，以美国为首的发达经济体开始反思之前的发展路径，提出了再制造业化的发展思路，而再制造业化的核心是制造业服务化，也就是服务业与制造业的融合发展。这种融合发展不是传统制造业与服务业的融合发展，而更多地表现为先进现代服务业与先进制造业的融合发展（见图2-1）。正如本书在第一章中所指出的，现代服务业是知识、信息和技术密集型服务业，而先进制造业是与传统制造业相对应的，它与传统制造业相比具有更高的技术和信息含量。所以，当下的产业融合是服务业与制造业在信息化与网络化条件下的更高技术水平和更高层次的深度融合。

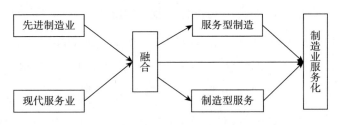

图 2 - 1　制造业与服务业融合模式

六　结论与评述

需求遵从论假说认为，服务业处于附属和补充的作用，制造业是服务业发展的前提和基础。而供给主导论假说则认为，服务业处于主导地位，是制造业生产率提高和竞争力提升的前提和基础。互动论假说折中了以上两种假说，认为服务业和制造业之间是一种相互促进和互为发展的关系，服务业的发展离不开制造业的发展，而制造业的效率的提升也离不开服务业的发展。融合论假说认为，随着信息技术和网络的快速发展，服务业和制造业呈现出融合发展的态势，服务业和制造业的产业边界变得越来越模糊。

就这四种假说的国际适用性而言，由于世界各国的经济发展水平和经济发展阶段各不相同，所以，服务业与制造业之间的关系特征在各个国家之间也各不相同。一般而言，发达经济体凭借着雄厚的科研实力和良好的体制、机制设计，拥有高层次、高水平和高质量的生产者服务，服务业与制造业之间的关系更多地表现为互动关系和融合关系，制造业服务化的特征十分明显，制造业产品竞争能力比较强，产品层次处于全球价值链的高端，始终引领着新技术和新产品的研发和生产方向。而对于广大的发展中国家而言，由于科研投入资金不足和不完善，不发达的体制、机制设计，生产者服务水平普遍低下，且提供严重不足，服务业与制造业之间的关系主要表现为需求遵从关系和供给主导关系。制造业服务化的特征不明显，制造业产品技术含量较低、竞争能力低下，产品层次处于全球价值链的末端，产业结构优化升级缓慢。

上述四种假说从不同的侧面详细阐明了服务业和制造业之间的关系，对我们探究服务业发展与制造业效率提升之间的关系提供了一个比较好的切入点，为我们进一步研究服务业的发展通过何种途径促进了制造业效率的提升问题提供了可靠的依据。但也存在明显的不足之处，这主要表现在，没有把服务贸易考虑到假说之中，一国的生产者服务水平和制造业的效率水平除了和本国自身的经济发展水平有关外，还与和本国经济联系紧密的国家的服务水平和制造业水平相关，也就是说，可以通过引进、消化、吸收和再创新等途径和先进经济体进行服务贸易，进而提升本国的服务业水平和制造业效率水平。所以，本书就是在上述四种假说基础之上，通过引入服务贸易，进一步细致和系统地研究服务贸易、服务业和制造业效率之间的关系问题，以期对现有的研究文献进行补充。

第三节　相关经验研究

从现有的实证检验文献看，关于服务贸易、服务业和制造业效率之间互动关系的实证分析主要集中在以下三个方面：第一，进口贸易的技术溢出效应的研究结果与分析；第二，服务贸易进口与制造业效率关系的研究结果与分析；第三，服务贸易进口与服务业发展关系的研究结果与分析。接下来我们对这三个方面进行详尽的论述。

一　进口贸易的技术溢出效应

大部分新技术是由发达国家创造的，并且，在发展中国家来自国外的技术能解释几乎 90% 或者更多的国内生产率的增长（Keller，2004）。所以，技术转移对于自主性研发投入严重不足的发展中国家来说至关重要，一般情况下，国际性技术外溢主要通过国际贸易、外商直接投资和无形技术外溢三种途径予以传播（Lee，2005）。国际贸易作为技术转移（Technology Transfer）和技术扩散（Technology Diffusion）的一个重要渠道，是一国经济增长和发展的重要来源。

关于国际贸易作为技术转移和技术扩散的重要途径，Coe 等（1997）认为主要存在以下四条途径：第一，中间产品和资本设备的进口可以提高本国的生产率；第二，通过学习先进国家的生产方法、产品设计、组织方式和市场条件，提高资源的利用效率；第三，发展中国家通过模仿、消化和吸收发达国家的技术，提高本国的技术水平；第四，可能会促进一些新的适宜技术的产生，从而提高进口国的生产率水平。Hoek-man 等（2005）认为，国际贸易的技术溢出主要有以下四种渠道。第一种渠道是基于商业基础（Commercial Basis）的技术转移，在这种情况下，一个企业愿意卖他们的技术且获得相应的补偿和报酬（例如，牌照费或专利费）。因此，企业之间的技术通过契约在市场上通过国际贸易而进行交易，通常采用许可证（Licenses）、合资（Joint Ventures）或战略联盟（Strategic Alliances）的方式。第二种渠道是通过商品贸易和服务贸易的形式，此时技术被内含在交易的产品中，尽管有可能这些技术不能被贸易进口国所理解。通过进口品质较好的资本产品和科技投入，国内企业的生产率可能增加。如果国内企业能够学习或领会他们所购买的国外产品和服务中所内含的技术、知识和技能，那么这种新技术的使用就会产生技术溢出效应。外商直接投资是技术转移的第三种渠道，尤其是通过具有创新产品工艺的跨国公司在东道国建立子公司的形式。新产品工艺传播给当地企业的过程就导致技术溢出的产生，技术溢出可能发生在当地供应者和客户之间，也可能发生在国内的竞争者之间。第四种渠道是人员的流动，通过在不同公司工作过的具有相当工作经验的人员和普通员工之间分享知识来完成技术转移。这包括国外公司和国内公司之间的人员流动，尤其是跨国公司和当地子公司之间的人员流动。另外，还包括在国外培训过的技术工人的短期流动。Miroudot（2006）根据 GATS 的分类方法，对服务贸易四种供应模式下的国际技术溢出渠道进行了分类整理。他认为，跨境交付（模式 1）的国际技溢出渠道有技术贸易（Trade in Technology），作为投入品的高科技服务（High-tech Services Used as Inputs），示范效应（Demonstration Effects），后向、前向和水平联系（Backward，Forward and Horizontal Linkages）。境外消费（模式2）的国际技术溢出渠道有技术贸易、示范效应和前向联系。商业存在（模式3）的国际技术溢出效应渠道有后向、前向和水平联系，知识分享（Sharing of Knowledge），劳动工人转移率（Labor Turnover）和示范效应。自然人流动（模式4）的国际技术溢出效应渠道有职场内培训（On-the-job Training）、知识分享和示范效应。

技术溢出（Technology Spillover）代表了来自贸易的动态收益，但由于贸易衡量的困难性和纳入贸易政策分析的复杂性，它们经常被低估。从现有的研究文献来看，大部分研究文献主要集中在对外商直接投资的技术外溢方面，尤其是对于全球吸引外资最多的、最大的发展中国家中国而言，吸引外商投资一直都是中国重要的对外开放战略，那么，吸引外资的效果如何？对中国的产业结构调整和经济发展产生了什么样的影响？在这些问题的引领下，国内涌现出了一大批的研究文献，比如，沈坤荣和耿强（2001）、张诚等（2001）、薛漫天和赵曙东（2003）等，而对于国际贸易的技术外溢效应由于统计制度、统计口径和统计数据等诸多方面的限制则较少关注。

Coe和Helpman（1995）开创性地实证检验了进口贸易的国外R&D溢出效应，他们采用1971～1990年22个发达经济体的跨国面板数据对来自国际贸易的技术溢出效应进行经验检验，结果表明，通过进口贸易获得的国外R&D溢出效应显著促进了进口国全要素生产率的增长，并且越是开放的经济体，其获得的溢出效果越是明显。Coe等（1997）在1995年研究的基础之上，加入了77个发展中国家的数据，更加全面地检验了发展中国家从发达国家的贸易进口是否促进了本国劳动生产率的提高，研究显示，发展中国家通过贸易进口发达国家的中间产品和资本设备能提高本国的全要素生产率。在这两篇经典文献的引领下，国内外研究者对进口贸易的国外R&D溢出效应进行了广泛而深入的研究，涌现出了大量的研究成果（Lichtenberg et al.，1998；Greenaway et al.，2002；方希桦等，2004；黄先海和石东楠，2005；李小平和朱钟棣，2006；高凌云和王永中，2008；Coe et al.，2009；谢建国和周露昭，2009；蒋仁爱和冯根福，2012）。Lichtenberg等（1998）以 13 个 OECD 国家为例，研究了进口贸易、外商直接投资和对外投资三种途径的国际技术溢出对本国全要素生产率的影响，发现只有进口贸易的国际技术溢出才能促进样本国家技术水平的提高，外商直接投资和对外投资所产生的国际技术溢出对本国的技术水平并没有产生太大的影响。

随着中国对外贸易的飞速发展，也有不少的中国学者开始关注进口贸易的国际技术溢出效应对中国的影响，其中较早研究这方面问题的学者是方希桦等（2004）。他们认为，在国与国之间的经济联系日益紧密的情况下，一国通过进口贸易不仅可以获得国外高质量和高水平的工业产品，而且可以通过引进国外高技术含量水平的中间投入品来提升本国产品的核心竞争力。具体到中国的实际外贸情况，他们利用中国 1981 ~ 2000 年的时间序列数据，采用协整分析和误差修正模型的方法，实证检验了进口贸易的国际技术溢出对中国技术水平的影响，结果显示，进口贸易的国际技术溢出效应显著地促进了中国全要素生产率的提高。黄先海和石东楠（2005）认为，随着经济全球化和一体化进程的加快，创新知识在全球范围内的传播速度也在不断提高，贸易尤其是有形的资本品贸易成为知识溢出的重要载体，国际知识的外溢增加了中国的知识存量水平，进而促进了中国技术水平的提高。他们以 CH 模型为基础，通过将人力资本纳入 CH 模型而对原模型予以扩张，并利用中国 1980 ~ 2000 年的时间序列数据对该模型进行了实证分析，实证研究的结果表明，进口贸易的国际技术溢出显著地提升了中国的技术水平。李小平和朱钟棣（2006）采用 6 种计算外国 R&D 资本的方法和国际 R&D 溢出回归的方法，利用中国 1998 ~ 2003 年 32 个工业行业的数据分析了国际 R&D 溢出效应，结果表明，通过国际贸易渠道的 R&D 溢出效应促进了中国工业行业的全要素生产率的增长。谢建国和周露昭（2009）利用 1992~2006 年中国省区的面板数据，研究了国际 R&D 通过进口贸易对中国省区的技术溢出效应，实证结果表明，国际 R&D 通过进口贸易对中国全要素生产率的增长有显著的促进作用。蒋仁爱和冯根福（2012）利用中国 29 个省区 2001~2007 年的面板数据，经验验证了贸易、外商直接投资和无形技术外溢 3 种国际性技术外溢对中国技术进步的影响。经验研究的结果显示，贸易技术溢出显著促进了中国各省区的技术进步，且回归的弹性系数和信息技术的发展水平呈正相关关系，信息技术的水平越高，其回归的弹性系数就越大，也就是说，信息技术的发展对中国贸易技术溢出有重大的推动作用。无形技术外溢也呈现出和贸易技术溢出相类似的结果。但就外商直接投资技术溢出效应的结果来看，外商直接投资技术外溢对中国各省区的技术进步没有产生显著的促进作用。

上述研究文献的一个共同特点是：大都以 Coe 和 Helpman（1995）的模型为基础进行重新验证或对 CH 模型进行补充和发展。而喻美辞和喻春娇（2006）则以 Lichtenberg 等（1998）的模型为基础，将人力资本变量引入 LP 模型，利用中国和 G-7 国家 1981~2002 年的时间序列数据，实证检验了进口贸易的国际技术溢出效应，结果显示，进口贸易的国际技术溢出效应显著地促进了中国全要素生产率的提高，但在短期中这种促进作用存在时滞。

也有不少的研究者把进口贸易对进口国的技术溢出效应细化到制造业领域，分析了进口贸易对进口国制造业劳动生产率的影响，比如，Higon（2007）利用 1970~1997 年英国的制造业数据，分析了进口贸易对英国制造业全要素生产率的影响，实证结果显示，进口贸易通过国外的 R&D 技术溢出效应显著地促进了英国制造业全要素生产率的提高。Kasahara 和 Rodrigue（2008）利用智利 1979~1996 年 3598 家制造业企业的面板数据，研究了中间投入品贸易的国外 R&D 溢出效应，结果表明，进口中间投入品的企业比不进口中间投入品的企业更能促进企业全要素生产率的提高。Parameswaran（2009）利用印度 1988～1989 年和 2000～2001 年 19 个制造业企业的数据，考察了进口贸易的 R&D 溢出效应对企业全要素生产率的影响，实证分析的结果表明，进口贸易的 R&D 溢出效应显著促进了印度制造业企业的劳动生产率，并且，对技术密集型行业的影响最为明显。另外，企业的研发投入越多，其获得进口贸易的 R&D 溢出效应的能力就越强。

二 服务贸易进口与制造业效率的关系

从已有的经验研究结果来看，较少从服务贸易进口的技术含量角度来考察其对制造业效率的影响，大部分研究文献没有区分货物贸易与服务贸易。由于这两类贸易活动对制造业效率的影响机制可能存在差异，而且随着经济全球化和信息科学技术的快速发展，服务贸易无论是从规模还是从增长速度方面都得到了飞速的发展，对这两类贸易活动分别进行研究很有必要。正如 Hoekman（2006）所指出的"在国际经济学的研究成果中对于服务贸易的研究只占据了很小的一部分，特别是对于服务贸易严格的实证检验更是寥寥无几，这反映了关于服务贸易政策和流量数据的稀缺性"。为数不多的研究文献主要从以下三个层面入手：宏观层面、产业层面和企业层面。

第一，从宏观层面来看，随着经济全球化和信息技术的快速发展，服务贸易也获得了长足的发展和进步，服务贸易逐渐脱离货物贸易的依附而成为具有自身特点的行业，学者们也开始直接研究服务贸易对一国经济增长的影响。Markusen 等（2005）在 Ethier（1982）、Markusen（1989）、Francois（1990）的研究基础之上建立了一个包含静态和动态模型的一般均衡分析框架，利用数值模拟的方法检验了生产者服务业贸易和 FDI 的自由化对东道国经济的影响。结果显示，在静态模型中，贸易和 FDI 的自由化可以使东道国获得 GDP 的 3% 到 15% 的收益；在动态模型中，贸易和 FDI 的自由化可以使东道国技能劳动力和非技能劳动力的实际工资都得到提高。Jensen 等（2007）以 Markusen 等（2005）

的理论为基础，利用可计算的一般均衡方法，模拟了俄罗斯加入 WTO
后的情况，研究的结果认为，加入 WTO 后，商业服务业 FDI 的自由化
可以提高俄罗斯的经济增长速度。利用转型经济体 1990~2004 年的数
据，Eschenbach 和 Hoekman（2005）发现，服务部门的自由化和经济增
长率之间呈正相关关系。Konan 和 Maskus（2006）认为，服务部门的自
由化对社会福利有两个正向影响：跨国公司的进入通过对东道国企业的
竞争效应带来价格下降和效率提升。第一个影响来自服务部门的自由
化，第二个影响来自服务贸易的自由化。随后他们采用可计算的一般均
衡分析方法，检验了服务部门自由化对突尼斯经济产生的潜在影响，研
究结果表明，国外服务企业的进入对当地服务企业产生了强大的竞争压
力，减少了卡塔尔效应（Cartel Effect）的成本，使突尼斯经济增长 6
个到 8 个百分点。Mattoo 等（2006）检验了服务部门贸易自由化和货物
贸易自由化对经济增长的差别，他们发现，实行服务贸易自由化的国家
比其他国家的经济增长速度更快。并且，在其他控制变量不变的情况
下，平均来说，就经济增长率而言，金融部门和通信部门开放的国家比
非开放国家高 1%，金融部门和通信部门实行完全自由化的国家比其他
的国家高 1.5%。就国内的研究情况来看，中国学者（程大中，2004；
危旭芳和郑志国，2004；潘爱民，2006；熊启泉和张琰光，2008）以中
国的数据为例也得出了类似的结论。从这些研究文献中我们可以发现，
关于服务贸易促进经济增长的一个主要机制是，由于服务贸易提高了制
造业生产所需要的商业服务的数量，服务投入品数量的增加通过 Dixit-
Stiglizt-Ethier 效应促进了制造业全要素生产率的提升，进而推动一国经
济的快速发展。

　　第二，从行业层面来看，根据银行部门的熊彼特理论（Schumpete-
rian Thesis of Banking Sectors），金融部门的开放可以通过技术改变和资
本积累来促进一国的经济增长（King and Levine，1993；Levine et al.，
2000；Beck et al.，2000；孔令强，2009）。Roller 和 Waverman（2001）
利用 OECD 国家 1970~1990 年 20 年的数据，实证研究了通信设施建设

对经济增长的影响，结果表明，通信设施建设与一国的经济增长存在正相关关系，随着一国通信基础设施的增加，该国经济增长就会加速，且发达国家的这种促进作用要大于发展中国家。Mattoo 等（2001）利用1990～1999 年 60 个国家的跨国数据，实证研究了金融和通信部门的服务贸易自由化对经济增长的影响，结果表明，实施金融和通信服务贸易自由化的国家的经济增长率要比那些没有实施的国家高出 1.5 个百分点。就分部门而言，金融部门无论是从显著性上还是从促进作用大小上都要大于通信部门。Rajan 和 Bird（2002）利用 1990～1999 年中国、印度尼西亚、韩国、马来西亚和泰国五个亚洲国家的数据，研究了金融和通信服务贸易的自由化对经济增长的影响，结果表明，金融和通信部门的贸易自由化都可以促进这五个国家的经济增长，就中国而言，通信部门（0.81）的促进作用要大于金融部门（0.06）。Nikoletti 和 Scarpetta（2003）通过对 18 个 OECD 国家 1984～1998 年行业层面的数据的实证研究后发现，服务部门的自由化对行业产出的增长率有正向的促进作用。Conway 等（2006）也通过利用行业层面的数据得出了相类似的结论：服务部门越是开放的国家，其经济增长率越高。Francois 和 Woerz（2007）以 Froncois（1990）的内部专业化理论为基础，利用 78 个OECD 国家 1994～2004 年的数据，探讨了服务贸易进口和制造业竞争力之间的关系，研究显示，服务贸易进口更能提升技能和技术密集型行业的竞争力，并且生产者服务部门的开放程度越高，技能和技术密集型行业的出口竞争力越强。而对资源和劳动密集型行业的竞争力则产生负面影响。蒙英华和黄宁（2010）利用 1992～2008 年中国从美国的服务贸易进口数据，基于行业面板数据的角度，分析了中美服务贸易与中国制造业效率之间的关系，研究结果表明，中国从美国的服务贸易进口能显著地促进中国制造业效率的提升，并且，服务进口更能促进资本密集型和技术密集型制造业效率的提升。

第三，从企业层面来看，Arnold 等（2006，2011）以捷克为研究对象，采用 1998～2003 年的企业层面数据，实证检验了服务部门的自由化对制造业生产率的影响，他们的研究结果表明，服务部门的自由化提高了国内下游制造业企业的劳动生产率。Arnold 等（2008）通过对印度 1990～2005 年的数据进行分析，发现银行、通信和运输的改革对制造业全要素生产率有明显的促进作用。Fernandes（2007）通过对东欧转型国家 1997～2004 年的企业层面的数据进行计量回归后发现，金融和基础设施的自由化对下游制造业企业有显著的正向促进作用。从智利 1992～2004 年的企业层面的数据入手，Fernandes 和 Paunov（2012）实证分析了智利服务业 FDI 和制造业生产率增长之间的关系，实证结果显示，服务业 FDI 能显著地促进智利制造业生产率的提高，并且结果具有相当的稳健性。Arnold 等（2008）通过对 10 个撒哈拉以南非洲国家 2001～2005 年 1000 个企业数据进行实证研究后发现，通信、电力和金融部门的自由化对该地区制造业全要素生产率有正向的促进作用。Fernandes 和 Paunov（2012）采用不同的计量方法对 1992～2004 年智利企业层面的数据进行了重新回归，结果表明，服务部门的 FDI 对产业全要素生产率的增长产生明显的影响，并且 FDI 每提高 1%，全要素生产率就提高 0.1%～0.2%，且能解释这段时期内智利 5% 的全要素生产率的增长率。此外，他们认为基本的回归结果（服务业 FDI 对工业企业生产率增长有正向的促进作用）对不同的产业也是成立的。他们还发现，产品差异性越大的产业，FDI 的促进作用越明显，并且服务业 FDI 对工业企业生产率促进的作用对大企业和小企业来说是没有差别的。Knobel（2012）以 Arnold 等（2011）的服务部门自由化促进本国制造业效率提高的三种传导机制为基础，通过对俄罗斯 2000～2008 年的经验研究发现，服务部门的自由化对俄罗斯制造业的效率产生了重要的影响。完全的自由化可以使其劳动生产率平均提高 20%，部分的自由化可以使其劳动生产率平均提高 10%。Duggan 等（2013）利用 1997～2009 年印度尼西亚企业层面的数据，实证检验了服务部门的开放对制造业劳动生产率的影响，他们的研究结果表明，服务部门的开放能显著促进下游制造业部门的全要素生产率，且能解释这段时期内印度尼西亚 8% 的全要素生产率的增长率。

三 服务贸易进口与服务业发展的关系

服务贸易进口除了能够给进口国下游制造业企业提供服务投入品之外，也能对本地的服务业企业产生影响。Feketekuty（1988）认为，服务贸易可以使贸易参与国的人员联系更加紧密，随着服务业的发展，就业人员也在相应增加。周申和廖伟兵（2006）利用中国 1997~2004 年的服务贸易数据，运用投入产出的分析方法，研究了服务贸易对中国就业的影响，结果表明，虽然中国的服务贸易规模和水平都在快速的增长，但其对中国就业促进的净效应并不强。究其原因，服务贸易出口能促进中国就业人口的上升，而服务进口通过替代效应而减少了中国就业人口的上升。但从动态的和发展的趋势来看，服务出口的就业促进作用正在逐渐超越服务进口的促进作用。所以，从长期来看，服务贸易将有利于中国就业人口的增加。Dee 和 Findlay（2008）认为，允许外国供应商进入传统的跨境商品贸易市场，可能给国内与进口竞争的行业的产出和就业造成压力。相反，允许外国经营者在基础设施实现的竞争部门获得市场准入和国民待遇，可以给整个竞争部门带来更多产出和就业。电信行业就是个典型的例子，它所提供的服务在数量和种类上都得到了提升。IMF（2002）总结了关于外资银行的进入对东道国银行业影响的几项研究成果，证据表明，激烈竞争对国内银行产生有利影响。例如，一项对 1988~1995 年新兴市场经济体中 80 家银行的跨国研究显示，大量外国银行的进入总是伴随着国内银行盈利和整体支出的减少（也就是效率以及获利能力的效应）。另一项对 1999 年拉美银行的研究进一步表明，本地银行能够通过开发国际资金的新来源、求助于国际咨询专家、联合国内外的公司，以改善系统和产品，最终克服由于国外金融服务商带来的竞争劣势。Mitra（2009）利用印度的时间序列数据，考察了服务贸易对就业的影响，结果表明，服务贸易的自由化程度与服务业就业呈正相关关系，也就是说，随着服务贸易自由化程度的提高，服务业的就业人数也快速增长。罗知（2011）利用中国省级面板数据，以 1998～2007 年的时间为样本区间，实证检验了贸易自由化对服务业就业的影响，研究的结果显示，贸易自由化对中国服务业就业的增加有显著的促进作用，具体到计量模型回归系数的大小方面，贸易自由化指标每提高 1%，服务业就业人口增长 1.5%～7.0%，由于服务业技术含量的不同，贸易自由化对其就业增长的影响也不同。

也有少数的研究者从服务贸易进口的角度来更细致地研究对服务业发展的影响，Hoekman（2006）的研究认为，在开放经济条件下，决定一国企业出口竞争力的关键因素是服务业的发展，服务业所内含的人力资本、知识资本和技术资本是外向型经济体出口产品竞争力提升的主要决定力量，后发型经济体或者欠发达经济体可以通过服务贸易进口来弥补自身服务业发展的落后局面，从而提高该国的效率水平和经济发展水平。徐光耀（2008）以中国加入 WTO 为分界点，利用面板数据，分别考察了 1997～2001 年和 2002～2006 年服务贸易进口对中国八个服务行业的影响，研究结果表明，从总体上看，服务贸易进口对中国服务业的发展具有显著的正向影响，且具有相当的稳定性：加入 WTO 前后对结果影响不大。从结构上看，服务贸易进口在加入 WTO 前和加入 WTO 后，对不同的服务业产生了不同的影响。具体而言，对金融和通信行业的促进作用明显加强，对信息和计算机行业的促进作用在减弱，而对旅游业、运输业、电影和音像业的冲击作用比较大。曾慧琴（2009）则利用 8 个 OECD 国家 1980～2004 年的服务贸易数据，考察了服务贸易对服务业和经济增长的影响，研究结果表明，服务贸易出口和服务贸易进口对服务业和经济增长都有显著的促进作用。但从长期来看，两者对服务业和经济增长的影响却呈现出非一致性的发展态势，具体而言，服务贸易进口主要作用在对服务业的促进方面，而服务贸易出口主要作用在对经济增长的促进方面。

四 小结和进一步的研究方向

服务贸易进口既可以促进进口国服务部门的发展又能为下游制造业企业提供质量更优、价格更低、效率更高的服务产品投入。因此，对于服务业发展相对滞后的发展中国家和转型经济体来说，实行服务贸易自由化，从发达国家进口高质量的服务产品是提高本国制造业产品竞争力和促进经济快速增长的必由之路。从现有的经验研究结果来看，大部分实证研究主要集中在服务贸易进口如何促进了进口国制造业劳动生产率提升方面，而对于服务贸易进口对进口国服务业的发展产生怎样的影响，以及这种影响又反过来如何促进下游制造业企业的劳动生产率提升的实证研究则比较匮乏，这也正是本书的主要出发点和着力点。

总之，上述研究文献虽然就服务贸易进口对进口国制造业效率的影响进行了有益的探索，但也存在不足之处，突出表现在以下三个方面。第一，只注重服务贸易进口"数量"方面的影响，以服务贸易进口金额对制造业效率的影响为研究对象；而忽视了服务贸易进口"质量"方面的影响，没有考虑服务贸易进口技术含量的不同。服务贸易引起的制造业效率的改进，就其影响机制来讲主要是获得高端、优质的生产者服务，通过高质量的要素投入来带动一国产品向"微笑曲线"的两端爬升，进而提高一国在全球分工和价值链中的地位，并促进一国产业的结构优化升级。因而，如果没有对服务贸易技术含量侧面的分析，就很难理解服务贸易对制造业效率的影响。第二，割裂了服务贸易进口、服务业发展和制造业效率三者之间内在的联系，忽略了三者之间相互促进、相互依赖、共同发展的互动发展行为。第三，没有考虑到行业划分标准的改变，特别是服务业，2003 年国家统计局根据《国民经济行业分类》标准（GB/T 4754—2002）对服务业进行了新的分类，没有统一的标准，那么，不同的研究者所得的结果就会不同，所提出的问题和政策建议也会不同，对于我们认识问题和解决问题带来了不必要的麻烦。

第四节 本书的理论框架

从上面的理论研究和经验研究分析中我们可以发现，服务贸易进口通过以下两条途径对进口国制造业效率的提升产生影响：一是直接效应，服务贸易进口品直接作为进口国制造业的中间投入品；二是间接效应，服务贸易进口促进了进口国服务业部门的发展，而服务业部门的扩张和发展反过来又促进了制造业效率的提升。下面我们就详细地介绍这两种传导途径，并为本书的理论分析框架奠定基础。

一 服务贸易进口影响制造业效率的直接效应

第一，生产效应。在劳动分工和专业化程度不断细化和提高的情况下，制造业企业的生产过程往往需要大量的中间投入品，包括原材料的采购、新产品的研发与设计、物流管理、品牌营销、售后服务、金融和保险服务等。这些中间投入品的成本和专业化程度直接决定了制造业产品的平均成本、劳动生产率和国际竞争力。通常情况下，可以通过制造业本身生产和服务进口两条途径获得这些生产者服务，但根据比较优势理论，依靠制造业本身来生产自己所需要的生产者服务大都成本高昂，且大而全的制造业企业不利于劳动分工和专业化程度的提高。因此，可以把内嵌在制造业当中的一些缺乏比较优势的生产者服务业分离出去，通过服务外包或服务进口的方式来提升这些生产者服务产品的效率，进而提升制造业产品的劳动生产率。所以，服务贸易进口，尤其是更为先进的、技术含量更高的、质量更优质的服务进入进口国市场，能够增强进口国企业产品的差异化程度和在国际市场上控制市场的能力，能够提高进口国企业产品的经营效率和知名度，从而增强进口国产品在世界市场上的竞争力。

第二，前向联系效应（Forward-linkage Effect）。由于服务业 FDI 主

要存在于生产者服务部门，所以给相关的制造业行业主要是提供生产者服务。跨国公司具有良好的技术和人力资源条件（Lombard，1990；Fernandez and Teresa，2001；Griffith et al.，2004；Karpaty and Poldahl，2006），能够提供高质量的服务，因此，能够提高东道国制造业企业的效率。Amiti 和 Konings（2007）发现，中间投入品贸易的自由化和下游制造业企业的劳动生产率之间存在明显的正相关关系。其他的一些案例研究（Arnold et al.，2016；Fernandes and Caroline，2012）也发现，服务业 FDI 与制造业劳动生产率的提高也存在明显的正相关关系。

第三，后向联系效应（Backward-linkage Effect）。以批发和零售行业为例，Gereffi（1994）把全球价值链分为两种类型：生产者驱动（Producer-driven）和购买者驱动（Buyer-driven）。购买者驱动一般被大型零售商所推动，这些大型零售商主要从事设计和营销工作，把生产过程外包给制造业供给者。大型跨国公司经常要求他们的供应者降低成本和改善产品质量。跨国零售商往往具有良好的分销效率，这会刺激制造业供应商改善产品质量和降低成本，只有这样才能成为跨国零售商的供应者。

第四，技术溢出效应。与制造业 FDI 相比，服务业 FDI 有更强的技术溢出效应。究其原因，服务业 FDI 对制造业产业的溢出效应是产业间的，而在制造业 FDI 的情况下，这种溢出效应既可以是产业间的又可以是产业内的。理论和实证研究都发现，产业间的技术溢出更容易发生。所以，服务业 FDI 可以通过软技术溢出（Spillovers of Soft Technology）使制造业厂商受益，软技术包括管理、组织、市场营销和技术技能。制造业企业能够通过示范效应、个人联系、管理者或工人的流动而获得学习效应。Griliches（1992）区别了知识溢出（Knowledge Spillovers）和资金溢出（Pecuniary Spillovers），在原则上，只有知识溢出才能促进制造业企业提升其自身的创新能力。而在实际中，如果下游行业能够利用服务中内含的知识提高本行业的生产率，那么资金溢出可以变为知识溢出（Branstetter，2001）。首先，对于知识密集型企业服务来说，比如营销、金融服务、法律服务、会计、技术和咨询服务（包括与信息技术和研发相关的服务）等，实际提供的服务是知识密集型的投入品，制造业企业依靠这些知识密集型投入品来提高自身的创新能力，进而带来劳动生产率的增长（Kox and Rubalcaba，2007）。解决设计工作的能力，安装和使用新设备及系统的操作能力和窍门是无形的知识在知识密集型企业服务和制造业之间流动的典型例子。其次，服务业企业新的服务的使用（比如网络银行的使用）体现了其具备的技能知识，这些技能知识可以使制造业企业改善他们的生产和运行效率（比如，通过信息和通信技术的使用提高投资的效率）。这种类型的前向知识溢出是更为普遍的。

服务业 FDI，尤其是生产者服务业 FDI 是经济全球化过程中生产者服务外部性的表现。它提高了东道国专业化和劳动力分工的程度。从一开始，市场寻求型服务业 FDI 就以把东道国本地企业作为客户为目标。随着跨国公司已有的客户群体进入东道国，这将使它们的客户群体进入本地的制造业企业。就目前情况来看，在中国的大部分管理咨询公司超过 70% 的收益来自中国本土的客户。从这个意义上来说，服务业 FDI 对东道国当地的制造业企业有强烈的技术溢出效应。

第五，升级出口产品的结构效应。由于很多生产者服务是东道国制造业企业生产产品的关键投入要素，因此，服务贸易进口，特别是高质量的生产者服务的进口可以改变进口国制造业产品的比较优势，进而提高出口产品的竞争力（Markusen et al.，2005）。Francois 和 Woez（2007）认为，服务对产品的出口做出了最大的贡献，生产者服务自由化对服务和技术密集型产品的出口竞争力有显著的促进作用，但对非服务密集型产品的出口行为产生了显著的负向影响。Wolfmayr（2008）在对服务联系与出口的制造业产品的市场份额的相关性进行检验之后发现，国际服务联系对高科技产品的出口有显著的正向促进作用。Fink 等（2005）和 Francois（2009）分别通过对全球 107 个国家和东亚国家通信行业的研究后发现，这些国家通信服务行业的自由化对本国的出口模式产生了重要的影响。

第六，要素重组效应。随着全球化深入发展，跨国公司成为国际经济活动的主体。跨国公司在全球范围内配置资源，以实现企业利润最大化，跨国公司以资本和技术主导分配，形成跨国公司主导的企业网络。而随着分工的深化和生产性服务业的发展，某些制造业中的服务业务会分化和独立出来，成为专业的服务。而这种专业性服务业价值链的每一个环节又可能分化和独立出来，形成新的专业。这使得跨国公司在生产过程中，可以从外部市场获得"质优价廉"的专业化服务，从而可以将效率相对低下的"自给自足"式的服务投入外包给外部市场，集中优势资源来生产更为有效率的产品，这就产生了要素重组效应（戴翔和金碚，2013）。通过资源优化配置所引发的要素重组效应无疑会促进企业效率的提高和产业结构的优化升级（杨校美和张诚，2014b）。

二　服务贸易进口影响制造业效率的间接效应

第一，降低服务产品价格。原因有以下两个。首先，国外跨国公司进入服务业部门给本地市场带来竞争压力，迫使服务业企业降低服务价格。另外，跨国公司的进入打破了垄断的市场结构，使得最初的垄断租金不复存在（Fernandes et al.，2008）。Claessens 等（2001）通过对 80 个发达国家和发展中国家 1988～1995 年的数据进行研究后发现，外国银行的进入对本地银行业产生了强烈的竞争作用，使得本地银行业的利润下滑。其次，对于跨国服务公司而言，进入国外市场可以帮助他们获得规模经济，进而降低成本。服务产品具有强烈的产品差异性，因而享有边际收益递增的性质，而边际收益递增的实现又主要依赖于市场规模扩大所产生的规模经济效应（Markusen，1989）。

第二，提高服务质量。跨国服务公司的进入既给本地服务企业带来竞争的压力，又带来了先进的技术、组织和管理经验。特别是对于电力和通信行业来说，服务的质量是和服务提供者的稳定性密切相关的。服务业跨国公司的进入可以为东道国现存网络的现代化和扩张所需要的投资提供金融支持。Blind 和 Jungmittag（2004）的经验研究发现，FDI 和服务进口对东道国的服务产品和过程创新有显著的促进作用。一些案例研究也证实服务贸易对本地服务创新的影响。例如 20 世纪 80 年代，在阿根廷通信行业私有化的过程中，外资企业的进入对阿根廷通信基础设施的改善、服务数量的增加和质量的提高都产生了重大的影响。在改革的前两年，两个主要的通信公司 Telefonica 和 Telecom 的线路分别增加了 330000 条和 270000 条，而在改革之前的五年，最初的 Entel 的线路只增加了 98000 条。另外，这些公司也把技术升级到了数字化系统（Hoekman et al.，1997）。World Bank（2004）通过对拉丁美洲国家 1992～2002 年的研究后发现，随着解除管制和国外跨国公司的进入，这些国家电力部门的服务质量得到了比较大的提升和改善。

第三，增加服务种类。与工业制成品相比，服务产品具有更大的差异性。所以，由跨国公司提供的服务对东道国来说更多的是补充而非替代。以银行业为例，服务种类的增加包括新的和技术含量更高的服务的出现，如电脑化银行业务（Telebanking）。Denizer（1999）的研究结果显示，由于国外跨国公司的进入，土耳其的银行业除了引入电子银行技术外，还产生了大量现代化的规划、预算和管理信息系统。Akbar 和 McBride（2004）对匈牙利的研究和 Cardenas 等（2003）对墨西哥的研究表明，国外银行业的进入使东道国获得了大量的创新型金融产品。Fink 等（2002）在对 86 个发展中国家 1985～1999 年的数据进行分析后发现，通信行业外资占比的提高导致这些国家固定电话普及率提高了三倍。而 Guislain 和 Qiang（2003）还证实，在同一时期，移动用户的数量也发生了爆发式的增长。ECLAC（2000）研究了智利的情况，除了电话线路的增加之外，通信行业的 FDI 还导致大范围的产品和服务的供给。服务产品种类的增多不仅对于最终消费者服务，而且对于生产者服务也很重要。首先，由于消费者可以同时获得国内和国外的产品，消费者在任何市场获得的所有产品类型都会增加。其次，每个单个生产者都可以获得更大的市场，这可以使他们扩大产出，并通过规模经济降低成本，正如 Copeland 和 Mattoo（2008）所指出的，更多样化、更专门的生产者服务，如金融和电信，可以降低商品和服务的生产成本。另外，对于其他行业特别是制造业行业而言，服务产品种类的增多会产生 Dixit-Stiglitz-Either 效应，进而提高下游制造业企业的全要素生产率（Dixit and Stiglitz，1977；Either，1982）。

第四，产生示范效应。跨国服务公司一般都具有良好的服务产出和丰富的管理经验，对于东道国服务企业来说是一个非常好的学习机会。相对于制造业跨国公司而言，服务业跨国公司的示范效应更容易产生，因为大多数服务的生产和消费是不能够进行分割的，所以，对于服务产品来说保守技术秘密是比较困难的（江小涓，2004）。有争论认为，示范效应的产生并不需要通过国际贸易或开放本国市场。即使面临比较高的贸易保护障碍，本地企业也能够学习到国外竞争者的技术，也可以获得升级生产过程的知识。为了克服信息的非对称性，公共的或非营利机构也能够在国外技术和国内企业之间建立联系。但是贸易仍然是技术转移最为有效的途径。通过贸易产生的示范效应是最为有效的，这是因为当地企业对于投资一项新技术是非常谨慎的，除非已经证明该种技术在当地的市场环境下是成功的，确实是盈利的，否则，企业就不会冒险进行投资（Saggi，2004）。示范效应在开放市场条件下是非常有效的另外一个原因是，国外企业进入东道国会对当地的企业形成竞争，当地企业为了生存，和国外的企业进行竞争，改变技术是必要的、不可避免的。

第五，产生知识溢出效应。众所周知，服务业尤其是生产者服务业大都属于技术和知识型行业，新的知识、新的技术是生产者服务业发展和产业结构优化升级的源泉和动力。没有知识资本存量的储备和更新，就不可能有生产者服务业尤其是高端生产者服务业的发展。而现实的情况是，发达国家由于经济发展起步较早，科研实力雄厚，因此积累了大量知识资本。而发展中国家大都经济起步较晚，科研投入经费不足，知识资本存量严重不足。知识的一个显著特点是无形性，这就需要一定的载体才能在国家之间进行传播和交流。而国际贸易作为国际技术外溢的重要物化渠道，是创新知识传播的重要载体，通过国际贸易产生的知识溢出会给当地服务企业带来先进的管理、营销和组织等专业技能，进而促进当地服务业企业的发展。Miroudot（2006）研究了服务业跨国公司对广大发展中国家服务业所产生的知识溢出行为，结果表明，对发展中国家的银行、通信和运输部门的知识技术溢出比较明显，这些知识溢出导致东道国服务产品质量的提高和服务产品种类的增多。Tang 和 Kove-os（2008）利用全球 43 个国家 1983～1997 年的跨国面板数据，实证检验了基于国际贸易的知识溢出效应，经验研究的结果表明，作为物化渠道的国际技术溢出，国际贸易产生的知识溢出促进了本地服务业企业的发展，提高了本国的技术水平。

第六，人员流动（Movements of People）。制造业可以以资本和设备为主要载体实现跨国转移，而服务的生产和消费过程都需要人直接参与，人的流动是多种类型服务跨境转移最重要的载体。在国际贸易中有两类人员的流动值得注意：一是国外和国内的企业之间工人改变雇主导致的人员流动，二是服务提供者的国际移动。就国外企业和国内企业之间的人员流动而言，随着国外服务提供者进入国内市场，本国的劳动力就有机会被跨国公司所雇用，或者成为其子公司员工，或者获得职场内培训的机会。在国外服务公司中所获得的知识就会对当地服务企业带来益处：跨国公司以前的雇员可能加入本地的服务企业，也可能创建自己的公司。但这样做的结果是使他们离开原来的工作岗位。不过，有时由于跨国公司的总公司会根据发展的需要把某些部门和公司分离出去，建立独立的公司，这样就会鼓励原先的雇员从总公司中离职，并建立自己的初创公司，总公司会对这些初创公司新技术的发展进行资助。虽然人员流动现象很难进行衡量和量化，但也有为数不多的研究证实了人员流动在技术扩散中的关键作用。特别是 Pack（1992）通过对中国台湾的考察后发现，从跨国公司离职进入本地企业的工程师对台湾经济的发展起到了至关重要的作用。印度在软件行业的成功在很大程度上也归因于人员流动的结果。一般来说，技术改变节奏比较快的行业往往也伴随着较高的人员流动率（Saggi，2004）。就服务提供者的国际流动而言，高技术工人来到发展中国家提供服务，比如专家参观一个企业，或者是顾问提供专业的服务等。他们的作用由两部分组成：首先，当他们的建议促进了当地企业更为有效率地生产和改变了当地企业的组织形式时，他们提供的服务本身就是技术转移；其次，国内外人员之间的联系也为当地的工人获得隐性知识（Tacit Knowledge）提供了机会，一般情况下，这些隐性知识是很难通过其他技术转移的方式获得的。从公司利润最大化的角度来看，派送员工去国外学习新技术是需要花费大量成本的，但开放国内服务市场和进行服务贸易时，就会导致国外服务提供者进入本国服务市场，进而通过上述两种渠道直接或间接地传播他们的知识，这样，本国服务企业就能以比较低的成本获得生产率提升和技术改进的机会。

除了劳动力的流动能对本国服务业的发展产生影响之外，留学生的跨国转移也引起了相关研究学者的注意。Park（2004）以 22 个发达国家的留学生为研究对象，利用 1971～1990 年的数据，实证分析了留学生的跨国移动对当地服务业的影响，研究结果发现，留学生的流动具有强烈的国际技术外溢效应，能显著地促进当地服务业的发展和技术水平的提高。Le（2010）则利用更大的跨国样本数据空间，以 16 个北方国家和 76 个南方国家为研究对象，经验检验了留学生的跨国移动所产生的技术外溢效应，结果表明，留学生的流动促使了北方发达国家向南方发展中国家的技术外溢，这种国际技术外溢对南方发展中国家服务业的发展产生了积极的影响，促使了该地区服务业的发展，并提高了本地区的人均收入水平和科技水平。

第七，产业集聚效应。越来越多的证据和经济理论都表明，各类商业服务的有效利用对经济增长是相当重要的。这些研究文献的主要观点是商业服务的大规模使用可以为下游的企业提供质量更优、成本更低的服务投入。早在 20 世纪 60 年代，城市与区域经济学（Urban and Regional Economics）的研究文献（Greenfield，1966；Jacobs，1969，1984；Chinitz，1961；Vernon，1960；Stanback，1979）把具有规模收益递增性质的生产者服务作为集聚外部性（Agglomeration Externalities）的一个重要来源，而集聚外部性解释了城市和工业园区的形成以及不同区域经济表现的不同。更近的经济地理学（Economic Geography）研究文献（Krugman，1991；Porter，1992；Fujita et al.，1999）也注意到集聚外部性相关的经济活动在经济上是集中的，比如美国硅谷的计算机服务业、意大利萨索洛的瓷砖业。Ciccone 和 Hall（1996）认为，在经济密集区生产的企业比在相对孤立地区生产的企业具有更高的生产效率。Caballero 和 Lyons（1992）表明，当投入品供应产业的产出增加时，该产业的生产率才会提高。Hummels（1995）发现，世界上最富裕的国家大都集中在一个很小的区域，比如，欧洲、北美和东亚，而贫穷的国家则分布在世界其余的地方。他认为，造成这种现象的部分原因是投入品的运输成本，由于从比较远的国家或地区购买本国生产所需要的专门投入品是比较昂贵的。Marshall（1988）通过对英国的三个地区伯明翰、利兹和曼彻斯特的研究后发现，制造商所购买的生产者服务几乎80%是来自同一个地区的服务供应商，他还认为制造业企业的业绩是和本地生产者服务的可获得性密切相关的。在发展中国家，Mckee（1988）认为，当地生产者服务的可获得性对主导产业部门（Leading Industrial Sectors）的发展是相当重要的。

因此，伴随着服务贸易自由化的推进，服务业跨国公司的进入对东道国企业产生竞争压力。当地服务业企业无论是从规模、技术还是从组织管理和营销手段上说都无法和跨国公司相抗衡。为了提高效率增强企业的竞争优势，在基础设施比较好的地区，一些发展潜力良好的生产者服务企业以族群的方式，借助各式各样的环节联系在一起，形成产业集聚，以此来和跨国企业展开竞争。因为，这种以地理区位聚集在一起的组织能够降低企业的生产成本和交易成本，获取专业化分工带来的规模经济效应，并激发集群内企业之间的示范效应和学习效应，有利于促进新企业的衍生和创新的扩散，推动企业效率的提升。

第八，诱发新产业效应。由于生产者服务的强烈差异性和较高的知识密集性，其发展初期大多要求高额的初始投资。这些投资不仅仅包括物质资本和人力资本的投资，更包括了对市场环境、机制和制度设计的投资。对于后发型经济体而言，其要素禀赋素质、市场环境、机制和制度的设计很难在短期内得到提升，因此，可以通过较低的成本引进、模仿和吸收发达经济体已有的技术来实现自身的技术进步，并且随着本国要素禀赋质量的改善、市场环境的优化、机制和制度设计的完善，一些新的适宜于本国经济环境的新技术和新产业就会产生，从而推动了本国生产者服务业产品种类的增多和产品质量的改善，并进一步促进服务业尤其是生产者服务业的全面发展和提升（杨校美和张诚，2014b）。Coe等（1997）在研究国际贸易的技术溢出效应时指出，国际贸易可能会促进一些新的适宜技术的产生，从而提高国内企业的产出能力。王子先（2012）在研究国际服务贸易促进进口国经济发展的渠道效应时认为，进口贸易可以对进口国诱发新产业效应，从而可以提升进口国经济发展的质量水平，也可以促进进口国结构的改善和优化升级，也是提升全要素生产率的一个重要途径。Copeland 和 Mattoo（2004）认为，一种专门服务在一个小国可能没有生命力，但由于贸易市场扩大带来的效应，可能使它在经济中变得具有生命力，即在更大的市场可以开发本来无法进行的新的商品和服务。

第九，国内相关政策环境。国内相关政策环境对于一国开展服务贸易进而提升制造业效率至关重要。一般来说，对于服务业的国内相关政策环境而言，主要包括垄断的废除、国有企业私有化和进入障碍的排除。随着这些国内相关政策环境的改变，新的国内和国外的服务提供者可能进入市场，进而使服务提供者增多，服务提供者增多反过来又会从以下三个途径促进制造业效率的提升。第一，通过更多先进的高技术服务提供者的进入，新的服务可能变得更易于获得。例如，包括新的金融工具和现金流量管理工具服务的出现，复合运输服务，或者是通信服务中的数字增值服务的出现等，这些服务的获得使得制造商把生产率提高的改变引入产品的生产过程中，比如在线接受生产通知单，或者是建立网上招投标系统。第二，服务自由化可以导致以前被限制到某一特定群体才能使用的服务得到更广范围的使用。偏远地区网络的覆盖和小型公司商业资讯服务的获得就是典型的例子。这些服务的改善可以导致小公司或位于偏远地区的企业提高其生产率。第三，由于私有化、竞争和外国公司的进入，本国现存服务的稳定性得到了改善。新的国内或国外服务企业对本国基础设施的投资，使得电话通信或电力供应可能变得更为稳定；银行的增加，竞争加剧，导致信贷业务也变得更为高效。反过来，这些服务的改善将限制生产的中断和减少下游制造业企业部门的操作成本。

三　本书理论框架的构建

在上面服务贸易促进制造业效率提升的直接效应和间接效应的分析基础之上，我们构建本书的理论分析框架。无论是现有的理论研究文献还是实证分析文献都把研究的重点集中在直接效应方面，也就是说，大都把服务进口尤其是生产者服务进口作为下游制造业企业的中间投入品来分析，通过降低中间投入品成本和提高中间投入品效率来推动制造业效率的提升。往往忽视了服务贸易进口对进口国服务业的影响，而本国服务业的发展反过来又会促进下游制造业企业的效率。因此，本书在兼顾直接效应的同时，主要研究服务贸易进口促进制造业效率提升的间接效应，并把直接效应和间接效应进行加总，以期考察总体效应的情况。因此，我们的理论分析框架如图 2－2 所示，其中，间接效应部分是已有理论研究文献和实证研究文献所忽视或者遗漏的，也是本书研究的重点；直接效应部分是对已有理论研究文献和实证研究文献的总结。

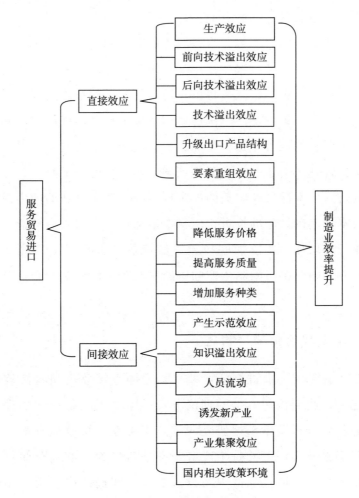

图 2 - 2   本书的理论分析框架

第三章　中国服务贸易、服务业和制造业发展现状

第一节　中国服务贸易发展现状

一　中国服务贸易总体发展状况

改革开放以来，伴随着中国对外联系的日益紧密和世界产业结构的加快转移，中国服务贸易的发展取得了令人瞩目的成就。特别是在2001年加入WTO后，中国服务贸易的增长规模和增长速度更是急剧上升，中国从一个服务贸易小国逐渐跃升为服务贸易大国，从一个可以被忽略不计的贸易小国逐渐成长为对世界有重要影响力的服务贸易大国。1982年，中国的服务贸易进出口总额仅为44亿美元，占世界服务贸易的比重不足0.6%，在世界服务贸易中的排名仅为第34位。而到了2013年，中国服务贸易进出口总额就激增到5396亿美元，占世界服务贸易的比重也快速爬升到5.6%，在世界服务贸易中的排名更是跃升为第3位。也就是说，从1982年到2013年，短短的三十多年，中国服务贸易进出口总额就增长了近122倍，在世界服务贸易中的排名上升了31位，平均下来几乎是每年提高一个名次，这不得不说是国际贸易历史上的一个奇迹。2008年国际金融危机的爆发和随之而来的全球经济

低迷，对中国服务贸易形成了不小的冲击，外部需求的萎缩和内部需求的低迷导致中国服务贸易进入了下行通道。但随着中国四万亿元经济刺激方案的推出和主要贸易伙伴国经济的逐渐回暖，2010 年，中国服务贸易在 2009 年出现下滑的基础之上，实现了企稳回升的态势，贸易规模和增长水平再创历史新高，其后几年基本上延续着快速增长的态势。

从中国服务贸易出口和进口占世界比重的情况来看（见表 3 - 1），1982 ~ 1991 年中国服务贸易出口占世界的比重基本稳定在 0.8% 左右，从 1992 年起该比重整体上处于上升态势，尤其是中国加入 WTO 后，这种上升的态势更为明显，2013 年，中国服务贸易出口占世界的比重达到了 4.5%。1982 ~ 1991 年中国服务贸易进口占世界的比重基本稳定在 0.5% 左右，从 1992 年起该比重整体上处于上升态势，在加入 WTO 后，相对于服务贸易出口占世界的比重，中国服务贸易进口占世界的比重以更快的速度增长，2013 年，中国服务贸易进口占世界的比重达到了 7.4%，比服务贸易出口占比高出了近 3 个百分点。

从中国服务贸易出口和进口的增长速度来看，无论是与发达国家相比，还是与其他发展中国家相比，都保持着较高的增长速度。根据联合国贸发会议（UNCTAD）的统计，2005 ~ 2012 年，中国服务贸易出口额年均增长率为 14.5%，排名世界第二位，仅次于印度的 15.2%，高于巴西的 13.9%，并且比同期世界服务贸易出口额年均增长率高 6.4 个百分点。同期，中国服务贸易的进口额年均增长率为 18.9%，居世界第一位，高于巴西的 18.7% 和印度的 15.3%，并且比同期世界服务贸易进口额年均增长率高 10.1 个百分点。[①]

从中国服务贸易在世界服务贸易中的排名来看，服务贸易出口从 2001 年的第十二位跃升到了 2013 年的第五位（前四位分别是美国、英国、德国和法国），上升了 7 个位次；服务贸易进口从 2001 年的第十位跃升到了 2013 年的第二位（美国、德国、法国和英国分别居第一、第

---

① 根据 UNCTAD 数据库计算所得。

三、第四和第五位），12 年间上升了 8 个位次。因此，无论是从服务贸易出口还是从服务贸易进口来看，中国服务贸易的排名都获得了极大的提升。

表 3 – 1　中国 1982 ~ 2013 年服务贸易发展总体情况

单位：亿美元,%

年份	进出口总额	进出口总额占世界比重	出口额	出口额占世界比重	进口额	进口额占世界比重	差额
1982	44	0.6	25	0.7	19	0.5	6
1983	43	0.6	25	0.7	18	0.5	7
1984	54	0.7	28	0.8	26	0.7	2
1985	52	0.7	29	0.8	23	0.6	6
1986	56	0.6	36	0.8	20	0.4	16
1987	65	0.6	42	0.8	23	0.4	19
1988	80	0.7	47	0.8	33	0.5	14
1989	81	0.6	45	0.7	36	0.5	9
1990	98	0.6	57	0.7	41	0.5	16
1991	108	0.6	69	0.8	39	0.5	30
1992	183	1.0	91	1.0	92	1.0	– 1
1993	226	1.2	110	1.2	116	1.2	– 6
1994	322	1.6	164	1.6	158	1.5	6
1995	430	1.8	184	1.6	246	2.1	– 62
1996	430	1.7	206	1.6	224	1.8	– 18
1997	522	2.0	245	1.9	277	2.2	– 32
1998	504	1.9	239	1.8	265	2.0	– 26
1999	572	2.1	262	1.9	310	2.3	– 48
2000	660	2.2	301	2.0	359	2.5	– 58
2001	719	2.4	329	2.2	390	2.6	– 61
2002	855	2.7	394	2.5	461	3.0	– 67
2003	1013	2.8	464	2.5	549	3.1	– 85
2004	1337	3.1	621	2.8	716	3.4	– 95
2005	1571	3.2	739	3.0	832	3.5	– 93
2006	1917	3.5	914	3.2	1003	3.8	– 89

年份	进出口总额	进出口总额占世界比重	出口额	出口额占世界比重	进口额	进口额占世界比重	差额
2007	2509	3.9	1216	3.6	1293	4.1	-77
2008	3045	4.1	1465	3.9	1580	4.5	-115
2009	2867	4.5	1286	3.9	1581	5.1	-295
2010	3624	5.0	1702	4.6	1922	5.5	-220
2011	4190	5.2	1820	4.4	2370	6.1	-550
2012	4706	5.6	1904	4.4	2801	6.8	-897
2013	5396	5.6	2105	4.5	3290	7.4	-1185

资料来源：根据 UNCTAD 数据库整理计算所得。

改革开放以来，尤其是加入 WTO 以来，伴随着中国融入全球经济步伐的加快和科学信息技术的飞速发展，中国服务贸易的总规模和增长速度都获得了突飞猛进的增长。但总的来说，中国服务贸易国际竞争力依然不强，服务贸易十几年来持续保持逆差，而且这种逆差态势呈愈演愈烈之势。尤其是 2008 年国际金融危机爆发以来，受全球经济低迷和需求萎缩的影响，服务贸易出口降幅较大，逆差进一步扩大，2000 年中国服务贸易逆差为 58 亿美元，2013 年就增加到了 1185 亿美元，13 年间增长了 19.4 倍，年均增长率为 26.1%（见表 3 - 1）。

另外，和中国货物贸易出口第一大国地位不相称的是，中国服务贸易对经济增长的贡献率不高。2013 年，中国服务贸易出口占中国贸易出口总额的比重为 8.61%，而同期，世界的这一比重平均为 20.01%，中国比世界平均水平低了 11.4 个百分点。2013 年，中国服务贸易出口占世界服务贸易出口总额的比重为 4.5%，同期，中国货物贸易出口占世界货物贸易出口的比重为 11.8%，中国服务贸易出口占世界比重比货物贸易出口占世界比重低了 7.3 个百分点。加入 WTO 后，中国服务贸易无论是从规模还是从增长速度来看都得到了快速的增长，但和货物贸易之间的差距却进一步扩大。2013 年，中国服务贸易出口与货物贸易出口的比例为 1∶10.62，而在 2001 年，这一比例为 1∶8。再从全球的角度来看，2013 年，主要发达经济体的美国、英国、德国和日本的这一比例分别为1∶2.31、1∶1.84、1∶4.97 和1∶4.88，而同期全球的平均水平为1∶4。[①] 因此，不管是和本国相比还是和世界平均、发达国家相比，中国的这一比例都严重偏低。

　　一国服务贸易综合竞争力的强弱反映了该国在国际分工和全球价值链中地位的高低和产业竞争力的强弱。就中国目前的情况来看，虽然中国服务贸易的规模和增长速度都获得了快速的增长，中国已经成为服务贸易大国，但服务贸易的整体竞争力还不强，除了与发达经济体相比有相当大的差距之外，就是与经济发展水平相似的金砖国家相比这个差距也不小。从表 3 - 2 可以看出，2012 年，虽然中国服务贸易出口国际市场占有率为 4.32%，在所研究的 24 个国家中居第 5 位，在经济发展水平相似的 5 个金砖国家中排名第 1 位，但服务贸易出口贡献率[②]仅为0.09%，在所研究的 24 个国家中排名最低，显示出中国的对外贸易发展模式仍以货物贸易为主，服务贸易出口在总出口中所占的比重仍然不高。从服务贸易总额占 GDP 的比重来看，2012 年中国为 5.8%，在所研究的 24 个国家中排名第 22 位，在 5 个金砖国家中排名第 4 位。而2011 年和 2012 年中国货物贸易占 GDP 的比重分别为 49.7% 和 47.0%。2011 年和 2012 年，中国服务贸易的 TC[③] 指数和 NRCA[④] 指数都为负数，

---

① 根据 UNCTAD 数据库计算所得。

② 出口贡献率等于一国某种商品或服务的出口额占该国出口总额的比重，指标值越大表示该商品或服务贸易对总体贸易的贡献越大。

③ TC 指数是指贸易竞争力指数。表示一国进出口贸易的差额占其进出口贸易总额的比重，通常用于测度一国某一产业的国际竞争力。

④ NRCA 指数是指净出口显示性比较优势指数。$NRCA_{ij} = \dfrac{X_{ij}}{Y_i} - \dfrac{M_{ij}}{M_i}$，其中，$X_{ij}$表示 i 国 j 类产业或产品的出口额，Y_i 表示 i 国所有商品和服务的出口额；M_{ij}表示 i 国 j 类产业或产品的进口额，M_i 表示 i 国所有商品和服务的进口额。指数值大于 0 表示存在竞争优势，指数值小于 0 表示存在竞争劣势，指数值等于 0 表示贸易自我平衡。净出口显示性比较优势指数剔除了产业内贸易或分工的影响，反映了进口和出口两个方面的影响，因此，用该指数判断产业国际竞争力要比其他指数更能反映进出口的情况。该指数越高，国际竞争力越强；该指数越低，国际竞争力就越弱。

表 3-2 2011 年和 2012 年服务贸易国际竞争力比较

	服务贸易出口贡献率（%）		服务贸易出口国际市场占有率（%）		服务贸易占 GDP 的比重（%）		TC 指数		RCA 指数		NRCA 指数	
	2011 年	2012 年	2011 年	2012 年	2011 年	2012 年	2011 年	2012 年	2011 年	2012 年	2011 年	2012 年
澳大利亚	0.16	0.17	1.20	1.19	8.1	7.46	-0.08	-0.10	0.83	0.86	-0.04	-0.03
奥地利	0.26	0.28	1.41	1.39	25.0	25.9	0.18	0.18	1.36	1.41	0.07	0.08
比利时	0.22	0.24	2.20	2.19	36.2	39.2	0.02	0.02	1.16	1.22	0.01	0.01
加拿大	0.15	0.15	1.83	1.79	10.7	10.5	-0.14	-0.15	0.76	0.75	-0.04	-0.04
芬兰	0.28	0.30	0.70	0.67	21.0	20.9	0.01	-0.01	1.43	1.51	0.007	-0.004
法国	0.28	0.27	5.16	4.73	14.5	14.1	0.08	0.10	1.42	1.39	0.06	0.06
德国	0.15	0.15	6.08	5.85	16.1	16.8	-0.06	-0.05	0.75	0.76	-0.04	-0.04
爱尔兰	0.49	0.51	2.61	2.62	99.8	104.6	-0.01	0.02	2.53	2.63	-0.14	-0.13
意大利	0.17	0.17	2.45	2.39	10.2	10.4	-0.04	-0.03	0.87	0.89	-0.006	-0.008
日本	0.16	0.16	3.34	3.23	5.3	5.41	-0.07	-0.10	0.81	0.80	-0.016	-0.016
荷兰	0.20	0.20	3.19	3.02	24.2	25.8	0.06	0.05	1.04	1.02	0.003	-0.003
挪威	0.20	0.21	0.98	0.99	18.7	18.6	-0.04	-0.06	1.04	1.05	-0.14	-0.15
葡萄牙	0.31	0.30	0.61	0.55	17.2	17.8	0.25	0.30	1.60	1.51	0.14	0.14
韩国	0.15	0.17	2.20	2.50	17.6	19.4	-0.03	0.01	0.76	0.85	-0.004	-0.007
西班牙	0.31	0.31	3.28	3.09	16.2	16.8	0.20	0.21	1.63	1.59	0.11	0.10

续表

	服务贸易出口贡献率（%）		服务贸易出口国际市场占有率（%）		服务贸易占GDP的比重（%）		TC指数		RCA指数		NRCA指数	
	2011年	2012年	2011年	2012年	2011年	2012年	2011年	2012年	2011年	2012年	2011年	2012年
瑞典	0.28	0.31	1.72	1.73	22.5	23.3	0.15	0.16	1.47	1.56	0.05	0.05
瑞士	0.23	0.23	2.22	2.09	19.1	19.8	0.36	0.33	1.20	1.19	0.10	0.10
英国	0.38	0.38	6.75	6.38	19.4	19.0	0.24	0.22	1.96	1.93	0.16	0.10
美国	0.29	0.29	13.96	14.31	6.9	6.8	0.17	0.18	1.49	1.47	0.13	0.13
俄罗斯	0.09	0.10	1.24	1.34	7.9	8.5	-0.25	-0.28	0.48	0.51	-0.12	-0.13
巴西	0.13	0.14	0.88	0.90	4.6	5.4	-0.33	-0.34	0.67	0.72	-0.12	-0.13
南非	0.12	0.14	0.34	0.34	8.6	8.54	-0.14	-0.07	0.62	0.71	-0.04	-0.01
印度	0.32	0.34	3.16	3.35	14.0	14.4	0.05	0.08	1.63	1.74	0.09	0.12
中国	0.09	0.09	4.20	4.32	5.8	5.8	-0.13	-0.19	0.45	0.43	-0.04	-0.05
中国排名	24	24	5	5	22	22	20	21	24	24	20	20
中国在金砖国家中的排名	5	5	1	1	4	4	2	3	5	5	3	3

资料来源：《中国服务经济发展报告2013》和UNCTAD数据库。

整体排名在 20 位左右，低于多数 OECD 国家，且明显低于印度；RCA[①] 指数排名为末位，其值远远小于 0.8，仅为 0.4 左右，不仅大大低于 OECD 主要国家（OECD 19 国 2011 年和 2012 年 RCA 指数平均为 1.27 和 1.28）和印度（印度 2011 年和 2012 年的 RCA 指数分别为 1.63 和 1.74，具有相当强的国际竞争力），而且与巴西和南非相比也存在较大的差距。

上述这些数据深刻地揭示了当前中国服务贸易发展过程中存在的深层次问题，那就是，虽然改革开放以来我们的服务贸易无论是从规模还是从全球排名中所处的位置来看都取得了快速的增长，但是，与货物贸易相比，服务贸易在中国对外贸易中所占的比重还比较低下，服务出口对中国经济发展的贡献还不高，更为重要的是，无论是从中国的贸易竞争力指数来看，还是从净出口显示性比较优势指数和显示性比较优势指数来看，中国的服务贸易竞争力从整体上来看依然不强，不仅与发达经济体存在巨大的差距，而且与发展水平相似的发展中国家相比，差距仍然存在。这说明当前中国服务贸易的发展模式依然是以低附加值的传统服务贸易为主，依靠廉价劳动力和大量物质资本投入的粗放型的服务贸易发展方式依然存在，而高技术、高附加值的高端服务贸易发展滞后。这使得中国服务贸易的发展更多地表现为规模和数量的急剧扩张，而技术和质量的提高则进展缓慢。

二 中国服务贸易分部门发展状况

就服务贸易分部门情况来看，中国的服务贸易出口主要集中在传统

---

① RCA 指数是指显示性比较优势指数。$RCA_{ij} = \dfrac{X_{ij}}{Y_i} / \dfrac{X_{iw}}{Y_w}$，其中，$X_{ij}$ 表示 i 国 j 类产业或产品的出口额，Y_i 表示 i 国所有商品和服务的出口额；X_{iw} 表示世界 j 类产业或产品的出口额，Y_w 表示世界所有商品和服务的出口总额。当一国的 RCA 指数大于 1 时，则其在该商品或服务上就拥有显示性比较优势；相反，当一国的 RCA 指数小于 1 时，则其处于比较劣势地位。如果 RCA 指数大于 2.5，则表明该国 j 类产业或产品具有极强的国际竞争力；RCA 指数为 1.25~2.5，表明该国 j 类产业或产品具有很强的国际竞争力；RCA 指数为 0.8~1.25，则认为该国 j 类产业或产品具有较强的国际竞争力；若 RCA 指数小于 0.8，则表明该国 j 类产业或产品的国际竞争力较弱。

服务部门，比如，运输服务、旅游和建筑服务，2013 年，这些部门的出口总额分别为 376.5 亿美元、516.6 亿美元、106.6 亿美元，占当年服务出口总额的比重高达 47.5%。而新型服务部门，比如，金融、保险、计算机服务、专有权利使用费和特许费的出口比重却比较低下，2013 年，这些部门的出口总额占服务贸易总出口的比重仅为 11.2%，比传统服务部门占比低了 36.3 个百分点。并且新型服务部门的增长缓慢，以保险服务为例，2001 年保险服务占中国服务贸易出口总额的比重为 0.7%，2013 年这一比重仅上升到 1.9%，也就是说，12 年间仅仅提高了 1.2 个百分点。①

另外，服务出口与服务进口呈不平衡的发展态势，2013 年，中国的服务贸易顺差主要集中在其他商业服务、咨询、计算机和信息服务、建筑服务，顺差额分别为 195.5 亿美元、169.5 亿美元、94.5 亿美元和 67.7 亿美元，但受世界经济持续低迷的影响，计算机和信息服务、建筑服务虽然保持了顺差，但顺差额较 2012 年分别减少了 10.9% 和 21.6%。服务贸易逆差主要集中在运输、保险、专有权利使用费和特许费，而且逆差规模呈逐渐扩大之势。2013 年，在 12 大类服务部门中，中国有 6 大类部门为逆差，其中，旅游、运输服务、专有权利使用费和特许费、保险服务的逆差均超过 100 亿美元，分别为 769.2 亿美元、566.8 亿美元、201.5 亿美元、181 亿美元；而 2012 年这 4 大类服务部门的逆差分别为 519.5 亿美元、469.5 亿美元、167.1 亿美元、172.7 亿美元。2013 年这 4 大类服务部门的逆差较 2012 年增加了 48.1%、20.7%、20.6%、4.8%。②

就中国服务贸易各部门的比较优势而言，从 2011 年各部门的 RCA（显示性比较优势）指数数据来看（见表 3 – 3），中国金融、版税与许可证费用在 24 个样本国家中排名末位，通信，个人、文化与娱乐和政

---

① 数据来源于中国商务部网站和 UNCTAD 数据库，并经笔者计算所得。
② 数据来源于中国商务部网站和 UNCTAD 数据库。

表 3-3　2011 年服务贸易分部门的 RCA 指数

	交通运输	旅游	通信	建筑	保险	金融	计算机和信息	版税与许可证费用	其他商业服务	个人、文化与娱乐	政府部门
澳大利亚	0.43	2.05	0.76	0.05	0.30	0.30	0.45	0.22	0.48	1.69	0.81
奥地利	1.59	1.79	1.27	0.66	0.91	0.39	1.01	0.26	1.58	0.80	0.76
比利时	1.57	0.57	2.24	1.34	0.65	0.63	1.03	0.47	1.62	1.09	1.46
加拿大	0.63	0.65	1.25	0.17	0.85	0.49	1.16	0.41	0.98	2.87	0.87
芬兰	0.83	0.74	0.72	3.63	0.25	0.45	5.57	2.30	1.79	0.45	0.37
法国	1.43	1.41	1.68	2.46	1.52	0.57	0.46	1.48	1.76	3.2	0.39
德国	0.85	0.45	0.67	1.42	0.82	0.58	0.92	0.61	0.98	0.31	0.78
爱尔兰	0.64	0.41	0.58	0	11.19	2.81	17.32	1.69	2.80	0.95	0.61
意大利	0.62	1.44	2.28	0.04	0.95	0.30	0.34	0.45	0.91	0.30	0.67
日本	1.06	0.25	0.17	2.47	0.41	0.31	0.12	2.40	0.97	0.11	0.95
荷兰	1.11	0.44	1.82	0.80	0.24	0.16	0.83	3.48	1.26	0.72	1.14
挪威	2.10	0.52	1.27	0.49	0.27	0.77	0.58	0.12	1.28	1.31	0.09
葡萄牙	2.13	2.76	1.61	1.86	0.39	0.26	0.55	0.05	1.18	2.41	0.99
韩国	1.46	0.41	0.27	4.86	0.18	0.37	0.06	0.52	0.58	0.90	0.55
西班牙	1.35	2.79	1.08	1.91	0.70	0.83	1.35	0.18	1.56	3.01	0.63
瑞典	1.09	1.10	1.75	0.70	0.79	0.41	3.01	1.84	2.17	1.47	0.46

续表

	交通运输	旅游	通信	建筑	保险	金融	计算机和信息	版税与许可证费用	其他商业服务	个人、文化与娱乐	政府部门
瑞士	0.42	0.89	0.73	—	3.15	2.89	—	3.63	1.26	0.01	1.85
英国	1.23	0.96	2.87	0.72	4.91	6.00	1.71	1.41	2.33	3.75	1.53
美国	0.97	1.49	1.31	0.31	1.71	2.51	0.66	4.41	1.11	0.27	2.71
俄罗斯	0.76	0.42	0.55	1.14	0.18	0.14	0.27	0.12	0.54	0.54	0.36
巴西	0.51	0.47	0.23	0.11	0.60	0.52	0.23	0.04	0.20	0.34	0.96
南非	0.36	1.62	0.36	0.11	0.60	0.52	0.23	0.04	0.20	0.34	0.96
印度	1.03	0.85	0.82	0.40	1.37	1.02	8.99	0.05	1.81	0.49	0.41
中国	0.44	0.49	0.18	1.48	0.34	0.03	0.53	0.03	0.62	0.04	0.11
中国排名	21	17	23	7	18	24	15	24	20	23	23
中国在金砖国家中的排名	4	3	5	1	4	5	2	5	3	5	5

资料来源：《中国服务经济发展报告 2013》。

府部门服务居倒数第二位，且这些部门的 RCA 指数在金砖国家中的排名均为末位，国际竞争力差距显著。尤其是金融和个人、文化与娱乐，其 RCA 指数仅为 0.03 和 0.04，在国际市场上几乎没有任何竞争力。交通运输、其他商业服务和保险也劣势明显。可以看出，处于价值链高端的诸如金融，个人、文化与娱乐，版税与许可证费用，保险及其他商业服务等，中国的竞争力都极弱，且均低于印度。印度除了在建筑业方面的竞争力低于中国之外，其计算机和信息、金融、保险、交通运输和其他商业服务与其他金砖国家相比，均表现出明显的优势。

三　小结

通过对中国服务贸易总体发展状况的梳理和分析，我们可以知道，总体上来说，在加入 WTO 后，中国服务贸易在规模和增长速度方面都取得了令人瞩目的成就，在世界服务贸易中的影响力也不断扩大，逐渐成为世界服务贸易大国。但中国服务贸易的发展模式仍以传统服务业为主，新型服务业发展缓慢，国际竞争力不强。从这个意义上来说，中国虽然是服务贸易大国但并不是服务贸易强国。另外，这十几年来中国服务贸易一直处于贸易逆差的状态，且这种逆差的规模和增长速度呈愈演愈烈之势，这是值得我们关注的一个重要问题。

第二节　中国服务业发展现状

一　中国服务业总体发展现状

改革开放以来，从中国服务业的发展轨迹来看，中国服务业的发展是与中国经济的快速增长密不可分的。尤其是 1992 年 6 月中共中央、国务院发布《关于加快发展第三产业的决定》以来，加快发展服务业成为中国政府制定经济政策的重要导向和依据，服务业的发展进入快速增长的通道。根据《中国统计年鉴 2013》的数据，服务业增加值从 1992 年的 9357.4 亿元增长到 2012 年的 231406.5 亿元，增长了 23.7 倍，高于同期 GDP 增幅的 19.3 倍；服务业增加值占 GDP 的比重，也从 1992 年的 34.8% 上升到 2012 年的 44.6%，增加了 9.8 个百分点，其中各年的具体情况如图 3-1 所示；服务业吸纳的就业人数，已经从 1992 年的 13098 万人，上升到 2012 年的 27690 万人，净增加 14592 万人，年均增加 695 万人，比同期第二产业高出 272 万人；从所占比重来看，服务业吸纳的就业人数在三次产业总就业人数中的比重，也从 1992 年的 19.8% 上升到 2012 年的 36.1%，上升了 16.3 个百分点，比同期第二产业增幅的 8.6 个百分点高出了 7.7 个百分点。

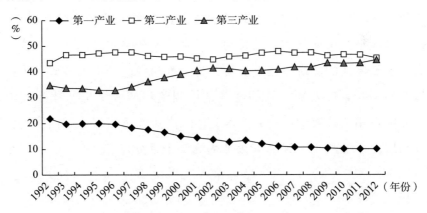

图 3-1　三次产业占 GDP 比重

资料来源：《中国统计年鉴 2013》。

2012 年 12 月，根据世界经济知识化、信息化、服务化的发展趋势和中国经济运行中存在的深层次问题，中国第一个专门的服务业发展五年规划《服务业发展"十二五"规划》正式颁布并实施。这为中国服务业的发展注入了新的活力和动力，也为中国服务业的发展提供了必要的政策支持和法律保障，中国服务业的发展必将进入新一轮的扩张和发展时期。

就经济增长和服务业的发展规律来看，经济的快速增长为服务业的发展提供了必要的物质基础，而服务业的发展反过来又推进了经济的快速增长。但从中国目前服务业的发展情况来看，伴随着经济的高速增长，服务业却没能成为国民经济发展的主导产业。

首先，从对 GDP 增长的贡献率来看，第二产业仍然是促进中国经济增长的主要推动力，第三产业的贡献率明显偏低。具体数据与差距可以参看图 3-2 和图 3-3。

从图 3-2 中可以看出，除了在 2001 年，第三产业对经济增长的贡献率略微大于第二产业之外，在样本区间内的其他年份，第二产业对经济增长的贡献率都大于第三产业。特别是在 2008 年国际金融危机爆发后，中国推出了四万亿元的天量财政刺激政策，以基础设施和固定资产投资为主体的驱动战略，进一步拉大了第二产业、第三产业对 GDP 增长贡献率的差距，2010 年，差距高达 17.5 个百分点，为 2000 年以来的最大值。之后，随着经济刺激政策的逐渐退出和中国经济的企稳回升，前期刺激政策的负面作用开始显现，以铁路、公路和基础建设投资为驱动力的增长模式的弊端也逐渐显现，为了推动中国经济的健康和可持续发展，中国开始进入新一轮的经济结构调整和产业结构优化的政策调整，而随着相关政策的出台和实施，第二产业和第三产业对经济增长贡献率的差距逐渐减小，2012 年缩小为 3.1 个百分点。

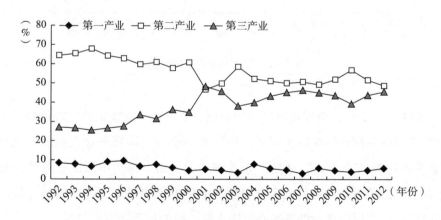

图 3-2 各产业对 GDP 增长的贡献率

资料来源：《中国统计年鉴 2013》。

从图 3-3 各产业对 GDP 增长的拉动情况来看，与对经济增长的贡献率相似，除了在 2001 年，第三产业对经济增长的拉动作用略微大于第二产业之外，在样本区间内的其他年份，第二产业对经济增长的拉动作用都大于第三产业。2008 年全球金融危机爆发后，第二产业和第三产业对经济拉动作用的差距又进一步拉大，2010 年差距达到 1.8 个百分点，2012 年在调结构政策的推动下缩小为 0.24 个百分点。综合服务业对 GDP 增长的贡献率和拉动作用看，服务业还没有成为中国的主导产业。

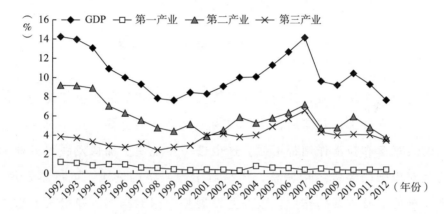

图 3 - 3　各产业对 GDP 增长的拉动

资料来源：《中国统计年鉴 2013》。

　　其次，再看中国服务业占 GDP 的比重与国外的差距。与发达经济体比较而言（见表 3 - 4），2012 年，中国服务业占 GDP 的比重为 45%，而同期美国、英国、法国、德国和日本服务业占 GDP 的比重分别为 79%、79%、79%、69% 和 73%，中国比这些国家分别低了 34 个、34 个、34 个、24 个和 28 个百分点。与中国发展水平相似的国家比较而言（见图 3 - 4），1992～2012 年，在金砖五国中，中国服务业占 GDP 的比重是最低的，其中，比印度大约低了 10 个百分点，而比巴西、俄罗斯和南非要低得更多。

　　因此，从上面的数据分析中我们可以看出，无论是从服务业在国民经济当中所占的比重来看，还是从其增长状况及其对经济增长的贡

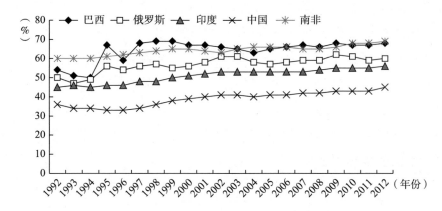

图 3 - 4 金砖五国服务业占 GDP 的比重

资料来源：世界银行 WDI 数据库。

献率与拉动作用来看，抑或是与经济发展水平相似的国家相比，中国服务业的发展都比较滞后，还未成为国民经济的主导产业，对经济增长的贡献率和拉动作用都不强。这也进一步说明了加快发展服务业无论是对中国的经济结构调整，还是对中国经济的健康、可持续发展，都发挥着非常重要的作用。服务业发展是中国调结构、稳增长的重中之重。

表 3 - 4 发达经济体服务业占 GDP 的比重

单位：%

年份	美国	英国	法国	德国	日本
1992	72	68	71	64	62
1993	72	69	72	65	63
1994	72	68	73	66	65
1995	72	68	73	67	65
1996	72	68	73	68	65
1997	73	69	74	68	66
1998	75	71	74	68	66
1999	75	72	74	69	67

续表

年份	美国	英国	法国	德国	日本
2000	75	72	75	68	67
2001	77	73	75	69	69
2002	77	74	76	70	70
2003	77	75	76	70	70
2004	77	75	77	70	70
2005	77	76	77	70	71
2006	77	76	78	69	71
2007	77	76	78	69	71
2008	77	77	78	69	71
2009	79	78	79	71	73
2010	79	78	79	69	71
2011	79	78	79	69	73
2012	79	79	79	69	73

资料来源：世界银行 WDI 数据库。

二　中国服务业分行业发展状况

改革开放以来，中国的服务业规模不断扩大的同时，服务业内部结构也在不断变化，不同服务业部门的规模和增长速度也存在差异。如图 3-5 所示，在服务业主要行业中，比重总体上呈上升趋势的有"其他服务业"、"金融业"和"房地产业"；而"批发和零售业""交通运输、仓储和邮政业"这两个传统服务业部门的比重则表现为总体上下降的态势，其中，值得注意的是"交通运输、仓储和邮政业"的下降尤为明显。服务业增加值内部结构的这种变化趋势也正反映了现代经济结构转型的特征。

此外，自 2003 年起中国采用了新的统计分类标准，"其他服务业"中，与制造业关系十分密切的"信息传输、计算机服务和软件业"、"租赁和商务服务业"以及"科学研究、技术服务和地质勘查业"都属于高人力资本、高附加值和高技术行业，对国民经济其他行业产出效率的提升发挥着关键性作用，而 2011 年三者合计增加值仅占全部服务业的 12.7%，与经济较为发达的国家相比，差距十分明显。

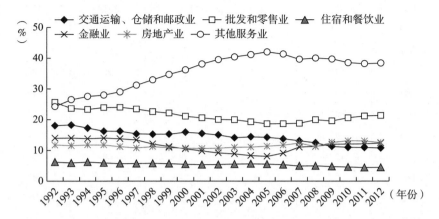

图 3 - 5　服务业增加值内部结构变化

注："其他服务业"是指除所列 5 个服务业部门以外的所有服务业部门的综合，涵盖的细分服务行业较多，既包括传统服务业部门，也包括许多现代服务业部门。

资料来源：《中国统计年鉴 2013》。

从表 3 - 5 中中国服务业的就业结构变化来看，由于从 2003 年开始统计口径发生了变化，所以，我们的分析以 2003 年为分界点，1978 ~ 2002 年是全国所有服务业单位按五大服务业门类划分的就业结构，2003 ~ 2012 年是全国城镇服务业单位统计的服务业就业结构。可以看出，由于统计口径发生了变化，服务业内部的结构差异也较大，具体而言如下所示。

1978 ~ 2002 年，除了"交通运输、仓储和邮政业"的就业比重总体上具有明显的下降趋势外，其余四大类服务业部门就业占比变化趋势尚不明显，但具有不同阶段的小区间波动性特征。比如，1978 ~ 1997 年"批发和零售贸易、餐饮业"就业比重总体上呈上升之势，之后总体上开始下降；"其他服务业"的就业比重则经历了总体上先下降后上升的态势。

不过，如果将 1978 ~ 2002 年的就业结构和 2003 ~ 2012 年的就业结构相比，可以看出，由于统计口径的不同，2003 ~ 2012 年，城镇服务业单位就业结构中,"交通运输、仓储和邮政业"的就业比重基本上延续了 1978 ~ 2002 年的持续下降的态势;"批发和零售贸易、餐饮业"就业比重明显低于 1978 ~ 2002 年的就业比重,且表现出总体上下降的态势;"金融业"、"房地产业"和"其他服务业"的就业占比则明显高于全国所有服务业单位统计口径的水平。通过上面的论述和对比,我们可以得到以下结论:伴随着中国转变经济增长方式战略的推进和产业结构的优化升级,中国服务业就业结构的演变大致表现为"交通运输、仓储和邮政业"和"批发和零售贸易、餐饮业"的就业比重总体上呈下降趋势,而"金融业"、"房地产业"和"其他服务业"的就业比重将呈现出总体上上升的趋势,其中,"其他服务业"的比重上升更为明显,将成为中国服务业部门吸纳新增就业人口的主要渠道。

表 3 - 5   中国 1978 ~ 2012 年服务业就业结构变化

单位:%

年份	交通运输、仓储和邮政业	批发和零售贸易、餐饮业	金融业	房地产业	其他服务业
1978	15.34	23.31	1.55	0.63	59.16
1980	14.55	24.64	1.79	0.67	58.36
1985	15.30	27.59	1.65	0.43	55.03
1990	14.91	27.04	2.08	0.42	55.56
1995	12.90	28.51	1.83	0.53	56.23
1996	12.92	28.94	1.87	0.54	55.73
1997	12.60	29.31	1.88	0.53	55.67
1998	12.14	28.18	1.91	0.57	57.21
1999	12.24	28.75	1.98	0.58	56.45
2000	11.83	27.33	1.91	0.59	58.35
2001	11.66	27.10	1.92	0.61	58.71
2002	11.42	27.24	1.86	0.65	58.83
2003	10.82	13.60	6.00	2.04	67.54
2004	10.64	12.86	5.99	2.25	68.26

年份	交通运输、仓储和邮政业	批发和零售贸易、餐饮业	金融业	房地产业	其他服务业
2005	10.21	12.07	5.98	2.44	69.31
2006	10.04	11.46	6.02	2.52	69.97
2007	9.98	11.09	6.24	2.67	70.02
2008	9.76	11.01	6.50	2.69	70.05
2009	9.51	10.84	6.73	2.86	70.05
2010	9.15	10.79	6.81	3.07	70.18
2011	9.09	12.20	6.93	3.41	68.37
2012	8.73	12.77	6.90	3.58	68.03

注：自 2003 年起，中国统计局不再提供分具体服务行业的全国就业人数，因此，2003 年以后服务业就业结构数据是根据按分行业城镇单位就业人数计算。

资料来源：1978～2002 年的数据来自《中国服务经济发展报告 2012》，2003～2012 年的数据来自《中国统计年鉴 2013》，并经笔者整理计算。

三 服务业与第二产业的关联度分析

促进服务业与制造业的互动协调发展，是推动中国产业结构优化升级和经济增长方式转变的重要发展战略，那么，中国服务业与第二产业的关联程度如何？这是我们接下来要重点讨论的问题，我们主要利用投入产出表，采用服务投入率[①]、中间需求率[②]、中间使用构成[③]和投入结构[④]四个指标来进行分析。

从三次产业的服务投入率来看，如表 3－6 所示，1981 年至 2007 年期间，第一产业和服务业的服务投入率总体上呈上升趋势，第一产业和服务业的服务投入率分别从 1981 年的 3.2% 和 11.4% 上升至 2007 年的

[①] 服务投入率是指服务投入占总投入的比重，反映了国民经济的服务化程度。服务投入率越大，表明国民经济生产活动中对服务业的依赖程度越大。

[②] 中间需求率是指各产业的中间需求和该产业的总需求之比。该指标反映了各产业的产出中，有多少是作为中间产品为其他产业所需求。中间需求率大于 0 小于 1，其值越大，则表明该产业的生产者特征越明显，反之表明具有较强的消费特征。

[③] 中间使用构成是指服务行业的中间使用占服务业全部中间使用的比重。

[④] 投入结构是指各服务行业的中间使用分别投入三次产业部门的比重。

6.33% 和 20.13%，而第二产业的服务投入率则没有明显的规律可循，表现为一定区间的震荡反复。与 OECD 国家平均水平相比，中国三次产业的服务投入率都处于相对较低的水平，其中，第一、第二产业的服务投入率差距更大。这一结果表明，改革开放以来，中国第二产业的发展更多的是依赖于初级生产要素的投入，走的是一条粗放型的经济增长道路。

表 3 - 6　三次产业服务投入率的演变及其国际比较

单位：%

年份	第一产业	第二产业	服务业
1981	3.2	9.4	11.4
1983	3.4	8.7	12.8
1987	4	11.8	14.1
1990	3.6	8.1	14.6
1992	6	13.3	19.9
1995	6.6	10.5	17.4
1997	6.5	9.5	19
2000	6.6	10.4	20.4
2002	7.94	12.95	20.3
2005	6.14	11.29	19.4
2007	6.33	9.24	20.13
OECD 国家均值	14.15	17.28	25.33

根据中国颁布的《国民经济行业分类》（GB/T 4754 - 2011），将三次产业划分如下：第一产业是指农、林、牧、渔业（不含农、林、牧、渔服务业）；第二产业是指采矿业（不含开采辅助活动），制造业（不含金属制品、机械和设备修理业），电力、热力、燃气及水生产和供应业，建筑业；第三产业即服务业，是指除第一、第二产业以外的其他行业。因此，该部分的服务业与第三产业等同。

资料来源：《中国服务经济发展报告 2012》。

从中间需求率来看，如表 3 - 7 所示，在 2007 年，"研究与实验发展业"的中间需求率最大，高达 97.47%，其次是"邮政业"的 88.42%、"租赁和商务服务业"的 77.86%、"交通运输及仓储业"的 77.21%、"金融业"的 74.72%。上述这些行业的中间需求率都大于 50%，具有较强的生产者服务性质，可以作为其他行业尤其是制造业行业的生产者投入，对推动其他行业尤其是制造业行业的效率提升具有重要的作用。

从中间使用构成来看，如表 3－7 所示，在 2007 年，"交通运输及仓储业"的中间使用构成比重最高，达到 25.71%，其次是"批发和零售业"的 15.45%、"金融业"的 15.29%、"租赁和商务服务业"的 9.64% 以及"住宿和餐饮业"的 8.93%。说明现阶段中国国民经济的发展对上述服务行业的需求较大，具有较强的依赖性。

从 2007 年的各服务行业的投入结构来看，如表 3－7 所示，根据各自中间使用投入第二产业中比重大小为依据，"研究与实验发展业"与第二产业的关联最为紧密，高达 79.89%，其次是"批发和零售业"的 76.35%、"综合技术服务业"的 74.18%、"卫生、社会保障和社会福利业"的 72.75%、"交通运输及仓储业"的 66.25%、"信息传输、计算机服务和软件业"的 53.59% 和"金融业"的 52.43%。上述这些服务业的中间使用部分投入第二产业的比重均超过 50%，对第二产业的发展和效率提升具有重要的作用。

表 3－7 2007 年主要服务业部门中间需求率、中间使用构成和投入结构情况

单位：%

	中间使用构成	中间需求率	投入结构		
			第一产业	第二产业	第三产业
全部服务业	100.00	49.49	3.25	56.07	40.68
交通运输及仓储业	25.71	77.21	3.13	66.25	30.63
邮政业	0.68	88.42	4.99	35.47	59.55
信息传输、计算机服务和软件业	5.79	54.99	3.14	53.59	43.26
批发和零售业	15.45	51.03	4.91	76.35	18.74
住宿和餐饮业	8.93	57.41	1.52	36.74	61.74
金融业	15.29	74.72	2.79	52.43	44.77
房地产业	3.86	24.90	0.28	29.47	70.25
租赁和商务服务业	9.64	77.86	0.78	43.86	55.36
研究与实验发展业	1.41	97.47	5.42	79.89	14.69

	中间使用构成	中间需求率	投入结构		
			第一产业	第二产业	第三产业
综合技术服务业	3.41	73.84	9.51	74.18	16.31
水利、环境和公共 设施管理业	0.71	31.23	14.66	46.60	38.73
居民服务和其他服务业	4.56	49.55	4.28	30.87	64.86
教育	1.36	9.88	3.70	18.15	78.15
卫生、社会保障和 社会福利业	1.11	9.53	4.28	72.75	22.98
文化、体育和娱乐业	1.95	52.50	0.66	36.54	62.80
公共管理和社会组织	0.14	0.86	11.20	48.81	40.00

资料来源:《中国服务经济发展报告 2012》。

四　小结

改革开放以来，随着中国经济的快速发展，服务业也得到了长足的进步和增长，尤其是 1992 年 6 月《关于加快发展第三产业的决定》的推出，使得中国服务业的发展进入了国家战略的层面。虽然中国服务业的发展取得了很大的进步，但与发达国家相比还存在较大的差距，即使是与发展水平相似的国家相比，仍有较大的差距，服务业还没有成为中国的主导产业。就服务业分行业层面来看，无论是从增加值层面，还是从就业层面，中国服务业的演变大致表现为"交通运输、仓储和邮政业"和"批发和零售贸易、餐饮业"的增加值和就业比重总体上呈下降趋势，而"金融业"、"房地产业"和"其他服务业"的增加值和就业比重总体上呈现出上升的趋势，其中，"其他服务业"的比重上升更为明显，成为中国服务业部门价值增加和吸纳新增就业人口的主要渠道。而"其他服务业"中，与制造业关系十分密切的"信息传输、计算机服务和软件业"、"租赁和商务服务业"以及"科学研究、技术服务和地质勘查业"都属于高人力资本、高附加值和高技术行业，对国民经济其他行业产出效率的提升发挥着关键性作用。

第三节　中国制造业发展现状

一　中国制造业发展取得的成就

第一，生产持续快速增长，总体规模不断扩大。随着中国经济的发展，特别是改革开放以来，中国制造业的发展取得了长足的进步，1978~2011 年，中国全部国有及规模以上非国有制造业企业的工业增加值由 1978 年的 1195 亿元增加到 2011 年的 150597.2 亿元，按当期价格计算，年均增长率约为 15.8%。从国际比较来看（见表 3-8），无论是与世界总水平比较，还是与发达国家和发展中国家相比较，中国的制造业增加值年均增长率都是最高的，且高于国内 GDP 的年均增长率。根据联合国工业与发展组织（UNIDO）的统计，2013 年，中国工业竞争力指数在 136 个国家中排名第七位，制造业净出口居世界第一位。按照国际标准工业分类，在 22 个大类中，中国在 7 个大类中名列第一位，钢铁、水泥、汽车等 220 多种工业品产量居世界第一位。中国制造业增加值占全球的份额（见表 3-9）从 2005 年的 9.88% 上升到 2013 年的 17.62%，相应地，制造业增加值在全球的排名从第三位上升到第二位。而同期，美国和日本制造业增加值占全球的比重分别从 22.38% 和 12.18% 下降到 19.14% 和 11.63%，美国虽然仍旧保持世界第一的地位，但与中国之间的差距逐渐缩小，日本则被中国超越，居第三位。

表 3-8　制造业增加值年均增长率和 GDP 年均增长率比较

单位：%

	制造业增加值年均增长率			GDP 年均增长率		
	1995~ 2000 年	2000~ 2005 年	2005~ 2012 年	1995~ 2000 年	2000~ 2005 年	2005~ 2012 年
世界	3.6	3.2	1.9	3.3	2.9	2.0
发达国家	3.2	2.2	0.0	3.2	2.2	0.9

续表

	制造业增加值年均增长率			GDP 年均增长率		
	1995 ~ 2000 年	2000 ~ 2005 年	2005 ~ 2012 年	1995 ~ 2000 年	2000 ~ 2005 年	2005 ~ 2012 年
发展中国家	5.0	6.6	6.6	4.1	5.4	5.7
中国	9.5	10.7	10.2	8.5	9.8	10.4

资料来源：联合国工业与发展组织（UNIDO）统计数据库。

表 3 - 9　制造业领先国家的制造业增加值占全球的份额

单位：%

国家	2005 年	2010 年	2013 年
美国	22.38	19.43	19.14
中国	9.88	14.98	17.62
日本	12.18	12.00	11.63
德国	7.68	6.70	6.55
韩国	2.81	3.38	3.59
英国	3.63	3.05	2.78
意大利	3.97	3.14	2.53
法国	3.43	2.82	2.51
印度	1.59	2.28	2.29
墨西哥	2.01	1.91	1.92
巴西	1.84	1.82	1.66
俄罗斯	1.61	1.50	1.55
加拿大	2.13	1.58	1.48
西班牙	2.16	1.73	1.48
土耳其	1.12	1.21	1.31

资料来源：联合国工业与发展组织（UNIDO）统计数据库。

　　第二，行业结构优化升级取得一定成效。根据联合国工业与发展组织（UNIDO）基于技术水平的产业分类，制造业可以分为资源性、低技术、中技术和高技术四类。由图 3 - 6 可见，从总体趋势来看，自

2001 年以来，中国资源性和低技术制造业所占的比重总体呈下降的态势，2011 年资源性和低技术制造业所占的比重共为 36.93%，比 2001 年的 43.79% 低 6.86 个百分点。而同期中国中技术和高技术制造业所占的比重总体呈增长的态势，2011 年中技术和高技术制造业所占的比重共为 63.07%，比 2001 年的 56.21% 高 6.86 个百分点。

具体到行业，技术含量高的通信设备、计算机及其他电子设备制造、电气机械及器材制造业，以及资金密集型制造业如黑色金属冶炼及压延加工业、有色金属冶炼及压延加工业、金属制品业等，其行业增加值占制造业增加值的比重呈上升趋势，而一些传统行业如纺织、非金属矿物制品业、饮料制造业、烟草制品业等所占的比重出现较大幅度的下降。

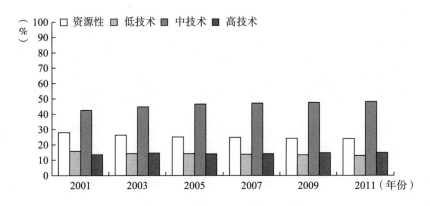

图 3 - 6　不同技术水平制造业的比重

资料来源：根据历年《中国工业经济统计年鉴》的相关数据计算所得。

第三，国外加工制造环节飞速向中国转移。随着中国开放战略的实施，外商直接投资在中国的规模得到了扩大，增长速度得到了快速的提升。1992 年中国吸引的外资规模为 110.08 亿美元，到 2013 年就增加到 1175.86 亿美元，年均增长率为 11.94%。其中，流向制造业的外资规模和增长速度都比较快。1997 年制造业实际利用外资的规模为 281.20 亿美元，2013 年，实际利用外资的规模就增加到 455.50 亿美元，增长了 61.98%，年均增长率为 3.06%。2013 年，中国制造业实际利用 FDI

金额占全国 FDI 金额的 38.74%。[1]

中国经济的快速和可持续发展、基础设施的不断完善、人力资本储备的不断丰裕、研发投入的不断提高、创新型社会的逐渐推进和体制机制环境的不断优化，使得许多大型跨国公司都将研究机构和研发中心转移到中国，进行研发和设计活动。根据《2013 年中国外商投资报告》的统计，2012 年，有近 190 个国家和地区在中国进行直接投资，其中有 19 个国家和地区投资项目数超过 100 个，34 个国家和地区实际投资额超过 1 亿美元。其中，外商投资设立的研发机构大幅增加，以上海为例，截至 2013 年 7 月，已经有超过 430 家跨国公司在上海建立了地区总部及 360 个研发中心，高新技术产业和服务贸易企业正在成为外商投资的新热点。

第四，贸易规模和增长速度不断提高，贸易结构也在逐渐优化。随着中国与世界各国经济联系的日益紧密，中国的对外贸易发展迅速。1990 年制造业进出口贸易总额为 896.7 亿美元，到 2013 年就增长为 41596.9 亿美元，增长了 45.4 倍，年均增长速度为 18.2%。其中，出口贸易额从 461.8 亿美元增长到 22093.7 亿美元，增长了 46.8 倍，年均增长速度为 18.3%；进口贸易额从 434.9 亿美元增长到 19503.2 亿美元，增长了 43.8 倍，年均增长速度为 18.0%。[2] 随着贸易规模的不断扩大，中国逐渐从一个不被重视的贸易国家逐渐转变成一个对世界贸易具有重要影响力的贸易大国。根据世界贸易组织秘书处的初步统计，2013 年中国已经成为世界上第一大货物贸易国。

随着中国贸易总量的急剧攀升，贸易出口的商品结构也在不断地优化。图 3-7 反映了从 1990 年到 2013 年的出口总额中初级产品和工业制成品所占比重的变化情况，从中我们可以明显地看出，二者呈现出完全相反的发展轨迹，这也进一步说明了中国出口产品的结构随着经济的

---

[1]　数据来源于中国统计局网站并经笔者计算而得。
[2]　数据来源于中国统计局网站并经笔者计算而得。

发展和产业结构的升级正在逐步地优化。

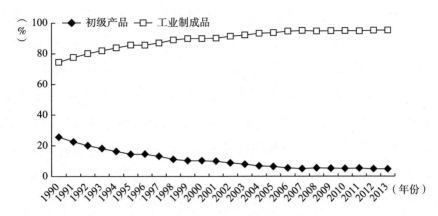

图 3 - 7　中国出口结构变化
资料来源：中国统计局网站，数据经笔者相应的计算而得。

　　第五，产业空间集中与集聚趋势明显增强。产业集聚式发展是一种世界趋势，按照产业经济学和发展经济学的相关理论观点，一般情况下，集聚有两种形式：第一种形式是特定行业在一个地区的集中，比如全球的金融服务大都集中在伦敦和纽约这样的城市，计算机行业则主要集中在硅谷；第二种形式是更广泛的经济活动可以集中在城市、地区或国家。伴随着中国经济的快速增长和制造业产业的不断发展，中国制造业产业空间集中与集聚的趋势日趋明显，具体表现在，东部沿海发达地区由于对外开放较早、交通便利、人力资本资源丰富、科技实力较强，所以，逐渐形成了以产品研发、设计、物流管理、品牌营销、创意服务为主的高端制造业的集聚区；而广大的中西部地区由于地处内陆，对外开放较晚、劳动力充裕、资源能源相对丰富、科技实力不强、研发投入不足，所以，逐渐形成了以来料加工、组装、制造和贴牌生产为主的加工制造业集聚区，比如富士康在人口大省河南的落户就是充分考虑到中部地区丰富的劳动力资源。随着东部沿海地区劳动力成本的不断上升、资源环境承载能力的不断下降和国家采取多项举措使制造业向中西部地区转移步伐的不断加快，东部沿海发达地区主要从事知识和技术密集型为主的高端制造业的集聚态势越发明显，中西部地区承接东部地区加工制造业的集聚态势也在加快进行。这种依据本地区比较优势建立起来的产业集聚，可以降低制造业企业的运行成本。这是因为，当很多厂商和企业集聚在同一个地区时，就会产生正的外部效应，厂商之间可以通过相互学习，产生知识溢出效应。另外，在同一区域内，厂商还可以获得共同的专业技能工人，并从中获益，还可以建立基础设施满足特定行业的需要。所以，产业空间的集中与集聚可以有效地提高制造业产品的劳动生产率，也可以促进制造业企业的优化升级。

二　中国制造业发展存在的问题

虽然中国制造业取得了长足的进步，并成为世界第二大制造业产出国，但中国只是一个"制造业大国"，还不是"制造业强国"。在中国制造业发展过程中还存在以下几个严重的问题和不足。

第一，在全球价值链当中处于中低端环节。伴随着经济全球化和一体化程度的不断提高和深化，世界各国的生产被纳入全球生产网络体系之中，依据各国自身的比较优势和分工地位，内嵌在全球价值链当中。就世界经济的发展趋势而言，科研和创新能力强的发达经济体处于全球价值链的顶端，主要从事高附加值和高盈利产品的研发和设计工作，从而获得高额的垄断利润；而科研和创新能力不足的广大发展中国家处于全球价值链的末端，主要从事低附加值和低盈利产品的简单加工和生产，仅获得微薄的苦力劳动收入。因此，一国要想提高本国产品的盈利能力，就要努力向全球价值链的顶端爬升。就中国目前的情况而言，加工、组装和制造等传统的制造业行业比较发达，而盈利高、附加值也高的服务业和研发设计等制造业中的服务部门发展却相当滞后。2000～2010 年，发达国家、世界和中国工业增加值率的平均水平分别为40%、35%和26.5%。中国工业部门的增加值率低于发达国家13.5 个百分点，低于世界总体水平近9 个百分点（张杰等，2013）。而且中国所从事的生产制造环节，大多对能源资源消耗比较大、对环境污染比较严重。另外，作为出口大国，中国出口的产品主要集中在劳动密集型产品上，技术含量较低，而且屡遭一些国家的反倾销、反补贴调查。2013 年全年共有 19 个国家和地区对中国发起了贸易救济调查，共计 92 起，比 2012年增长了 17.9%。[①] 另据 WTO 统计，1995 年到 2012 年 6 月，WTO 成员对中国提请的反倾销调查达 884 起，约占 WTO 全部反倾销调查的21.4%[②]，中国已连续 18 年成为遭遇反倾销调查最多的国家，连续 8 年成为遭遇反补贴调查最多的国家。

第二，制造业自主研发设计能力较差，自主创新能力严重不足。中国制造业存在的重要问题之一是自主研发设计能力差，关键的核心技术受制于人，大部分工业行业的关键技术都掌握在国外厂商手中，且中国关键技术的对外依存度比较高。根据张赤东和郭铁成（2012）基于全球化视角的对外技术依存度测算方法，2004～2009 年中国对外技术依存度分别为 47.3%、39.1%、39.4%、42.5%、37.9% 和 35.0%，而发达经济体的这个比重均在 30% 以下，而美国和日本的这个比重则在 2%和 5% 之间。自主创新能力不足的一个重要原因是中国制造业特别是高技术制造业研究与开发经费投资的严重不足。从表 3－10 可以看出，在高技术产业方面，中国与发达经济体在研发经费占工业总产值的比重方面存在巨大的差距，即使是与韩国相比也存在不小的差距。具体到行业，中国除了在飞机和航天器制造业具有相对的比较优势之外（占比比日本、法国、加拿大和西班牙高），其他在医药制造业，办公、会计和计算机制造业，广播、电视及通信设备制造业，医疗、精密仪器和光学器具制造业行业上面都处于比较劣势，投入占比明显比较低下。并且，知识和技术含量越高的制造业行业，其研发投入占工业总产值的比重和发达经济体的差距越大，也就是说，知识和技术含量越高的制造业

---

① 数据来源于中国商务部。
② 数据来源于 WTO 统计数据库。

行业其研发投入越是匮乏。

表 3 - 10 中国与发达经济体研发经费占工业总产值的比重

单位：%

国家（年份）	高技术产业	飞机和航天器制造业	医药制造业	办公、会计和计算机制造业	广播、电视及通信设备制造业	医疗、精密仪器和光学器具制造业
中国（2012 年）	1.68	7.28	1.60	0.77	1.78	1.99
美国（2009 年）	19.74	18.76	23.63	14.49	21.20	16.17
日本（2008 年）	10.50	2.90	16.40	7.61	8.90	16.98
德国（2007 年）	6.87	8.65	8.27	4.46	6.28	6.28
英国（2006 年）	11.10	10.70	24.92	0.38	7.56	3.63
法国（2006 年）	7.74	5.20	8.69	7.94	12.24	7.08
意大利（2007 年）	3.82	13.43	1.79	1.23	4.48	2.60
加拿大（2006 年）	11.50	6.27	11.88	10.92	14.52	
西班牙（2007 年）	5.22	6.87	6.25	3.80	3.85	3.24
韩国（2006 年）	5.86	9.02	2.51	3.93	6.65	2.16
瑞典（2007 年）	13.18	12.91	13.44	13.92	14.73	8.99

资料来源：《2013 年中国高技术产业统计年鉴》。

第三，国际知名品牌和战略性营销网络严重缺乏。中国的大部分企业只注重生产和销售，而忽视形象、品牌和战略性营销网络的建设。并且，不少企业只算机器、厂房等有形资产的价值，不算企业形象、品牌和战略性营销网络等无形资产的价值。事实上，良好的企业形象、知名品牌和战略性营销网络，对企业创造更高的价值和利润是至关重要的。从全球价值链的价值分布来看，增加值高的环节除了研发设计之外，主要就是品牌经营、市场营销及相关的服务方面，而这恰恰是中国制造业的弱项。

根据世界品牌实验室（World Brand Lab）编制的 2013 年《世界品牌 500 强》，2013 年，中国内地入选的品牌共 25 家，而在世界品牌 100 强中，中国只占有 4 个席位；而美国继续保持其领先的地位，占据了世界品牌 500 强几乎半壁江山的席位，仅在世界品牌 100 强中就占有 57

个席位。其余则主要来自欧洲、日本和韩国等国家。中国虽然是世界第二大经济体、第一大货物贸易国和第二大制造业产出国，但在知名品牌方面只能算知名品牌小国，且与欧美等发达经济体存在巨大的差距，即使是与韩国相比，也存在不小的差距。此外，中国不少企业只是为外资做零配件加工和OEM，缺乏自主品牌、销售渠道和供应网络，从而导致最终利润极其微薄。

第四，制造业人力资本的质量不高、结构不合理。根据国际劳工组织的研究成果，劳动者的技术水平是产业竞争力的重要决定因素。目前中国技术工人，尤其是高级技师和高级技工严重缺乏。根据《中国2010年人口普查资料》的统计，中国工程技术人员占制造业就业人员的3.2%，中级、高级技术工人占工人总数的10%，均严重偏低。而与发达经济体相比，中国制造业就业人员的人力资本质量明显不高且结构也不合理。根据《2013国际统计年鉴》，2011年中国制造业的就业人数为8146.4万人，美国制造业的就业人数为1339.4万人，中国制造业的就业人数是美国的6.1倍。而同期中国制造业的增加值为23306.8亿美元，美国为18005.0亿美元，中国制造业的增加值是美国的1.3倍。也就是说中国用几乎是美国5倍的劳动力投入才获得了和美国相当的制造业价值，中国制造业人力资本的质量和美国相比是十分低下的。从中美两国制造业就业人员的文化程度来看，2010年，中国制造业就业人员的平均受教育年限为9.8年，2010年美国制造业就业人员的平均受教育年限为13.4年，中国比美国少了3.6年。其中，中国初中及以下人员的比重为70.1%，而美国仅为8.2%；高中及以上人员，中国为29.9%，美国为91.8%；大专及以上人员，中国为9.8%，美国为63.6%。① 因此，无论是从平均受教育年限还是从文化程度构成来看，中国制造业就业人员的素质和质量均低于美国。

----

① 中国数据来源于中国统计局网站，美国数据来源于美国劳工统计局。

三　小结

　　制造业的发达程度决定了一个国家在全球价值链中的分工地位和其制造业产品在国际上的竞争能力。从总量和规模上看，根据联合国工业与发展组织（UNIDO）的统计调查，2013 年中国制造业增加值占世界的比重为 17.62%，高于日本的 11.63%，而低于美国的 19.14%，成为世界制造业第二大国，但中国却不是制造业强国，中国的工业制造业竞争力排名仅为全球第七位。中国制造业粗放型发展方式还十分明显，随着中国资源能源供应的紧张、人口红利的消失、劳动力成本的上升、生态环境的日趋恶化，这种粗放型的发展方式难以为继。中国制造业自主创新能力不足，相当多的行业缺乏核心技术、缺少国际知名厂商和品牌，未能形成具有战略意义的市场营销网络与渠道，因而更多地依赖于低成本竞争优势，在国际产业分工体系中处于中低端环节，所能实现的增加值和赚取的利润都极其微薄，而且经常受到发达国家的反倾销、反补贴的"双反调查"。正因如此，提高制造业的效率和竞争力，加快推进制造业的产业升级和转型成为中国当下亟待解决的问题之一。

第四章　服务贸易进口的技术含量对中国制造业效率的影响：直接效应分析

第一节　引言

虽然中国制造业总量目前已经位居世界第二，但其综合竞争力并不强，且依靠廉价劳动力和大量物质资本投入的粗放型的增长方式也变得不可持续。主要表现在，一方面，制造业产品的科技含量不高，附加值低下，相当多的行业缺乏自主知识产权的关键核心技术和国际知名厂商与品牌，战略性营销网络与渠道也被跨国公司掌控着，因此，中国制造业缺乏核心竞争力；另一方面，由于资源能源日趋紧张、劳动力成本不断上升，以及环境污染的压力日益增大，因此，制造业的粗放型发展模式正面临严峻的挑战。如何实现制造业产业的优化升级？如何提升制造业产品的核心竞争力？怎样才能促进制造业产业的健康可持续发展？成为当下中国制造业产业发展面临的关键性问题。

服务贸易可以作为获得高级要素的重要途径，进而影响到制造业效率的提升和产业结构的优化升级。伴随着世界产业结构升级和国际产业转移，服务贸易作为服务经济发展的标志之一，已经成为国际贸易和投资中越来越重要的组成部分。可以说，服务贸易的迅速发展是新技术革命引起的国际分工深化和全球产业结构调整、升级的必然结果。科学技术的发展改变了服务贸易的方式、内容和构成，使远距离提供服务成为可能，有效降低了信息传递成本和服务的交易成本，提高了交易效率，拓展了服务贸易的领域和范围，扩大了服务贸易的种类。服务贸易的快速发展尤其是高端生产者服务业的不断涌现既为制造业产品的生产提供了大量种类齐全、质地优良的中间投入品和服务，又为制造业产品的研发、设计、运输、营销等提供必要的支持。这势必会引起制造业企业规模的扩大，专业化分工程度的提高和平均生产成本的下降，进而促进制造业企业效率的提升和产品竞争能力的提高。

就目前情况来看，美欧等发达经济体凭借着雄厚的科研实力、成功的品牌营销、完善的机制和制度设计、良好的历史传统，通过日益开放的贸易体系，逐渐成为全球最大的服务贸易出口国；而广大的发展中国家由于科研实力薄弱、机制和制度设计的缺失、历史传统的阻碍，服务业发展相对滞后。

就中国服务贸易的发展情况来看，随着中国经济的快速增长，中国服务业也取得了飞速的发展，但中国服务贸易的国际竞争力还比较薄弱。服务贸易十几年来持续逆差，且逆差的规模呈愈演愈烈之势，其中，知识和技术越是密集的行业，逆差的规模越大。

那么，在制造业"服务化"的全球背景下，中国在由制造业大国向制造业强国转变的过程中，在高技术含量的服务贸易持续逆差的情况下，作为后发型经济体，在服务经济尤其是生产者服务业发展相对不足的情况下，中国能否通过服务产品进口，特别是技术含量高的服务产品进口来弥补自身的不足，从而推动制造业效率的提升和产业结构的优化升级，这是我们接下来要进行实证分析的关键问题。

我们的分析逻辑是以服务贸易进口促进制造业效率提升的直接效应为理论依据，利用全球 71 个国家（或地区）2001～2012 年的服务贸易数据，构建中国服务贸易进口技术含量指标，从服务贸易进口的技术含量角度入手，来探讨其对中国制造业效率提升的影响。

第二节　计量模型与数据说明

第二章中服务贸易进口促进制造业效率提升的直接效应包括生产效应、前向联系效应、后向联系效应、技术溢出效应、升级出口产品的结构效应和要素重组效应，结合这些传导机制，我们设定如下回归方程：

$$\ln pro_{it} = c_{it} + \beta_1 \ln ST_t + \beta_2 human_{it} + \beta_3 FDI_{it} +$$
$$\beta_4 export_{it} + \beta_5 \ln company_{it} + \varepsilon_{it} \qquad (4-1)$$

其中，下标 i、t 分别表示制造业行业和时间，ε_{it} 为随机干扰项，pro_{it} 为第 i 个行业在时间 t 的全员劳动生产率，是本书的被解释变量，ST_t 表示第 t 年的服务贸易进口技术含量指数，是本书重点关注的核心解释变量，该变量没有下标 i，表示对所有细分行业都产生影响，$human_{it}$、FDI_{it}、$export_{it}$ 和 $company_{it}$ 是本书的控制变量，分别表示第 i 个行业在时间 t 的人力资本、外商直接投资利用金额、出口渗透率和行业竞争程度。

鉴于数据的可得性和完整性，计量检验的研究样本为 2001～2012 年 28 个制造业细分行业的数据资料，选取的是根据统计局公布的两位数分类法，分类号从 13 到 40 共 28 个细分行业，规模以上工业企业的数据。核心解释变量服务贸易进口的技术含量指标是全球 71 个国家（或地区）的数据资料（样本期内有些国家特别是发展中国家缺乏服务贸易出口分项的统计数据，因此最终选定了 71 个国家或地区），这 71 个国家（或地区）2012 年服务贸易出口额占当年全球服务贸易出口总额的比重为 95%，据此计算出来的技术含量指数应该具有较高的可靠性和准确性。计算中所使用到的数据均来自联合国贸发会议的统计数据（UNCTAD Statistics）。其他控制变量的数据均来自历年《中国工业经济统计年鉴》和国研网统计数据库。

pro_{it} 表示制造业效率。不同的研究对制造业效率指标的选取也存在差异。国外的研究通常用的指标是产出率（增加值与产值的比率）、效率指数（某行业产出占国内生产总值比重与该行业劳动投入占全国总劳动投入比重的比值）、劳动生产率（行业总产出与就业人数的比值）。本书采用江静等（2007）的做法，用规模以上工业企业全员劳动生产率来衡量制造业效率。

ST_t 表示服务贸易进口总体技术含量指数。Hausmann 等（2005）曾提出一个测度制成品出口技术含量的方法，戴翔和金碚（2013）把这个方法应用到服务贸易领域，用来测度服务贸易进口技术含量指数。本书也沿用该种方法，具体的原理是，低技术含量的服务产品将由低工资的国家（或地区）进行生产，而高技术含量的服务产品将由知识、技术和信息等丰裕的高工资国家（或地区）进行生产，也就是说，不同国家（或地区）出口具有不同技术含量的服务贸易，这在很大程度上取决于该国（或地区）的工资水平。因此，计算某一项服务贸易产品的技术含量，可从比较优势所决定的全球服务贸易出口角度进行测度，就是用出口该项服务产品的各个国家（或地区）的工资水平按照该国（或地区）出口额在世界出口额中所占比重进行加权平均。而通常情况下，一国（或地区）的工资水平由该国的人均 GDP 决定，因此，在计算全球服务贸易出口分项中某一项服务产品的技术含量时，可以使用人均 GDP 来替代一国的工资水平。其具体的计算公式如下：

$$ST_k = \sum_j \frac{x_{jk}/X_j}{\sum_j (x_{jk}/X_j)} Y_j \qquad (4-2)$$

其中，ST_k 是服务贸易分项 k 的技术含量指数。x_{jk} 是国家或地区 j 出口服务贸易分项 k 的出口金额，X_j 是国家或地区 j 的服务贸易出口总额，Y_j 是国家或地区 j 的人均 GDP。根据公式（4-2）测度出服务贸易各分项技术含量后，我们可以根据公式（4-3）来测度中国服务贸易进口的总体技术含量，计算公式如下：

$$ST = \sum_{k} \frac{m_k}{M} ST_k \qquad\qquad (4-3)$$

其中，ST 为服务贸易进口总体技术含量指数，m_k 为服务贸易进口分项 k 的进口额，M 为服务贸易进口总额，ST_k 为服务贸易分项 k 的技术含量指数。

$human_{it}$ 是各个细分行业的人力资本指标。人力资本是科技进步的关键因素，也是劳动生产率提高和经济增长的不竭源泉。鉴于数据的可获得性，本书采用样本期内各工业行业研发人员全时当量（人年）与全部从业人员年平均人数之比来表示。

FDI_{it} 为各个细分行业的外商直接投资利用金额。作为后发型发展中大国，依靠外商直接投资的技术溢出效应提高本国企业的生产效率和产品竞争力是必然的选择。沿用戴翔和金碚（2013）的方法，采用样本期内各工业行业中外资企业的固定资产净值年平均余额与整个行业的固定资产净值年平均余额之比来表示。

$export_{it}$ 是各个细分行业的出口渗透率。产能过剩是当下中国经济发展过程中面临的主要问题，如何解决这个问题，不仅仅关系到产业结构的优化升级，更是关系到中国经济未来发展的潜力，而根据 Castellani（2002）的研究，企业可以通过出口消耗过剩产能实现规模扩张，并通过出口的"干中学"效应①实现规模经济，提高生产效率。本书采用样本期内各工业行业出口交货值与总产值之比来表示出口渗透率。

$company_{it}$ 是各个细分行业的万人企业数，用来反映行业的竞争程度。效率的提升依赖于行业所处的市场环境，处于垄断的行业，其缺乏外在的竞争压力，因此就没有创新的动力和创新的意愿。而处于激烈竞争的行业，为了生存和获取利润，须不断提升效率和加快创新步伐。本书采用样本期内各工业行业的企业个数与全部从业人员年平均人数之比

---

① 出口的"干中学"效应是指出口企业可以从国外竞争者和顾客处获得新知识，从而提高劳动生产率。

来表示行业的竞争程度。

第三节　实证结果及分析

一　总样本单位根及协整检验

根据计量经济学的相关理论，回归模型必须建立在变量为平稳数据的基础之上，否则，如果用于计量回归的统计变量具有非平稳性特征，那么，回归的结果就会出现偏差，甚至会出现和真实情况完全相反的结果，给经济问题的分析带来不可挽回的后果。因此，为了避免伪回归现象的发生，在对回归方程（4-1）进行估计之前，我们首先对回归方程（4-1）中各变量之间的单位根过程及其协整关系进行检验，以验证各变量之间是否存在长期均衡关系。为了保证单位根检验的可靠性，我们分别采取了 LLC 检验、IPS 检验、Fisher-ADF 检验和 Fisher-PP 检验，这四种检验的结果（见表4-1）表明，各变量经过一阶差分后均为稳定序列，满足进一步进行协整检验的要求。

在完成了各个经济变量的总体单位根检验之后，我们还需要对这些变量进行协整（Cointegration）检验，以验证各变量之间是否存在长期和稳定的关系。这是因为，计量经济模型不是简单的相关统计变量的随意回归，需要建立在坚实的经济学理论基础之上，是对经济理论的实证检验和分析，所以，通常的做法是对各经济变量进行协整检验，以保证经济变量之间存在长期和稳定的关系。在本书的研究中，为了使验证的结果具有稳健性，我们采用 Pedroni 协整检验方法，检验结果（见表4-2）显示，Pedroni 协整检验中的四种统计量都表明各变量之间存在稳定的协整关系，据此，我们可以对这些经济变量进行计量回归。

表 4 – 1　面板单位根检验结果

变量	LLC 检验	IPS 检验	Fisher-ADF 检验	Fisher-PP 检验	结论
lnpro	– 3. 3139 (0. 0005)	1. 0875 (0. 8616)	42. 6048 (0. 9064)	58. 0421 (0. 3999)	I (1)
Δlnpro	– 11. 5269 (0. 0000)	– 2. 9426 (0. 0016)	118. 701 (0. 0000)	176. 236 (0. 0000)	I (0)
lnST	– 7. 1864 (0. 0000)	– 0. 3365 (0. 3682)	43. 4510 (0. 8895)	69. 0620 (0. 0003)	I (1)
ΔlnST	– 7. 4504 (0. 0000)	– 4. 0429 (0. 0000)	101. 395 (0. 0002)	105. 042 (0. 0001)	I (0)
human	– 7. 3328 (0. 0000)	– 1. 4847 (0. 0688)	73. 4718 (0. 0586)	70. 1153 (0. 0972)	I (1)
Δhuman	– 10. 8499 (0. 0000)	– 2. 0842 (0. 0000)	102. 700 (0. 0001)	166. 858 (0. 0000)	I (0)
export	– 7. 1708 (0. 0000)	0. 5775 (0. 7182)	46. 7451 (0. 8052)	67. 0711 (0. 1477)	I (1)
Δexport	– 10. 6619 (0. 0000)	– 1. 6078 (0. 0439)	93. 2779 (0. 0013)	124. 978 (0. 0000)	I (0)
FDI	2. 2383 (0. 9874)	6. 0795 (1. 0000)	15. 7929 (1. 0000)	17. 2430 (1. 0000)	I (1)
ΔFDI	– 14. 4094 (0. 0000)	– 3. 1175 (0. 0000)	127. 745 (0. 0000)	219. 275 (0. 0000)	I (0)
lncompany	– 3. 3132 (0. 0000)	– 1. 6293 (0. 0516)	62. 4305 (0. 2584)	52. 3067 (0. 6155)	I (1)
Δlncompany	– 9. 4882 (0. 0000)	144. 472 (0. 0000)	137. 318 (0. 0000)	79. 3843 (0. 0215)	I (0)

注：括号内的数据为统计检验的收尾概率，即 P 值；单位根检验的方程中只包括截距项。

表 4 – 2　总样本 Pedroni 协整检验

变量系统	Panel v 统计量	Panel rho 统计量	Panel PP 统计量	Panel ADF 统计量
lnpro、lnST	10. 6331 (0. 0000)	4. 2896 (0. 0000)	– 9. 2954 (0. 0006)	– 5. 2335 (0. 0000)
lnpro、lnST、human	7. 1384 (0. 0000)	3. 0804 (0. 0002)	– 12. 0155 (0. 0000)	– 3. 0456 (0. 0012)
lnpro、lnST、human、export	3. 8276 (0. 0001)	4. 6263 (0. 0000)	– 12. 4780 (0. 0000)	– 1. 7807 (0. 0375)

续表

变量系统	Panel v 统计量	Panel rho 统计量	Panel PP 统计量	Panel ADF 统计量
lnpro、lnST、human、 export、FDI	7.6620 (0.0000)	3.5693 (0.0000)	−14.4052 (0.0000)	−5.4870 (0.0000)
lnpro、lnST、human、 export、FDI、lncompany	−6.1911 (0.0000)	3.3935 (0.0000)	−15.5499 (0.0000)	−3.4746 (0.0003)

注：表中各检验的原假设是变量间不存在协整关系，其中括号内的数字是 P 值。

二　服务贸易进口技术含量对中国制造业效率的影响

考虑到解释变量之间的序列相关性和内生性问题，比如控制变量出口渗透率和外商直接投资之间就有很强的序列相关性和内生性，为了克服这种不利的影响，本书采用 Pedroni（2001）提出的完全修正最小二乘法（FMOLS）对样本的面板数据进行回归，FMOLS 回归的基本思路如下。

当 y_{it} 和 x_{it} 之间存在面板协整关系时，在协整回归中应使用 FMOLS，此时它们的极限分布服从正态分布。在 FMOLS 中，首先进行 OLS 回归，然后对因变量及估计系数进行修正。

考虑一个异质的面板协整模型：

$$y_{it} = \alpha_i + \beta_i X_{it} + u_{it}$$
$$X_{it} = X_{i,t-1} + \varepsilon_{it}$$

假设 $Z_{it} = (y_{it}, X_{it})' \sim \mathrm{I}(1)$，且非平稳面板数据之间存在以系数矩阵 β_i 为协整系数的协整关系，$W_{it} = (u_{it}, \varepsilon_{it})' \sim \mathrm{I}(0)$，$\alpha_i$ 允许各面板单位的协整关系中存在不同的固定效应。OLS 估计的渐进分布依赖于残差项 W_{it} 的长期协方差矩阵，令第 i 个序列的长期协方差矩阵 Ω_i 为：

$$\Omega_i = \lim_{T \to \infty} \frac{1}{T} E\left(\sum_{t=1}^{T} W_{it} \right) \left(\sum_{t=1}^{T} W_{it} \right)' = \begin{pmatrix} \Omega_{11i} & \Omega_{12i} \\ \Omega_{21i} & \Omega_{22i} \end{pmatrix}$$

对 Ω_i 可做如下的分解：

$$\Omega_i = \Omega_i^0 + \Gamma_i + \Gamma_i^{'}$$

其中，Ω_i^0 为 W_{it} 的同期协方差矩阵：

$$\Omega_i^0 = \lim_{T\to\infty} \frac{1}{T}\sum_{t=1}^{T} E(W_{it}W_{it}^{'}) = \begin{pmatrix} \Omega_{11i}^0 \Omega_{12i}^0 \\ \Omega_{21i}^0 \Omega_{22i}^0 \end{pmatrix}$$

Γ_i 为不同期自协方差矩阵的加权总和，它是按照钮伟和韦斯特（Newey & West，1994）进行加权的：

$$\Gamma_i = \lim_{T\to\infty} \frac{1}{T}\sum_{k=1}^{T-1}\sum_{t=k+1}^{T} E(W_{it}W'_{i,t-k}) = \begin{pmatrix} \Gamma_{11i} \Gamma_{12i} \\ \Gamma_{21i} \Gamma_{22i} \end{pmatrix}$$

我们给出定义：

$$\theta_i = \Omega_i^0 + \Gamma_i = \sum_{j=0}^{\infty} E(W_{ij}W_{io})' = \begin{pmatrix} \theta_{11i}\theta_{12i} \\ \theta_{21i}\theta_{22i} \end{pmatrix}$$

则通过对因变量的如下变换来实现对内生性的修正：

$$y_{it}^* = y_{it} - \hat{\omega}_{12i}\hat{\Omega}_{22i}^{-1}\varepsilon_{it} = y_{it} - \hat{\omega}_{12i}\hat{\Omega}_{22i}^{-1}\Delta X_{it}$$

此时各个截面的 FMOLS 估计量为：

$$\hat{\beta}_i^* = (X'_i X_i)^{-1}(X'_i y_i^* - T\theta_i^*), i = 1,2,\cdots,I$$

其中，θ_i^* 为自相关的修正矩阵：

$$\theta_i^* = \hat{\theta}_{21i} - \hat{\theta}_{22i}\hat{\Omega}_{22i}^{-1}\hat{\omega}_{21i}$$

通过以上的分析可以知道，在对经典的最小二乘法回归模型进行修正之后，我们可以得到性质良好的完全修正最小二乘法回归模型，该模型的一个突出优点就是可以修正使用最小二乘法所产生的经济变量之间的序列相关性和内生性问题，使回归模型的结果更加可靠和准确，并使得到的估计量是最佳线性无偏估计量（Best Linear Unbiased Estimator，简记为 BLUE）。从目前的使用情况来看，由于目前还没有现成的软件可以直接进行 FMOLS 估计，所以，本章采用 Matlab 编程的方法进行

FMOLS 回归，其中 Barlett 核权函数的窗宽为 5。另外，服务贸易进口技术含量指数是本书的核心解释变量，为了得到可靠和稳定的回归结果，我们以该指数为基础，然后依次加入其他控制变量进行回归，回归结果如表 4 - 3 所示。

　　表 4 - 3 给出了计量模型的回归结果，通过对回归结果进行分析后我们发现在模型（1）中，服务贸易进口技术含量与中国制造业效率呈明显的正相关关系，并且在 1% 的统计水平下显著通过检验。就实证数据来看，服务贸易进口技术含量的估计系数为 1.2292，也就是说，服务贸易进口技术含量每提高 1%，中国制造业效率就提高 1.2292%。显然服务贸易进口的技术含量越高，中国制造业效率的提升就越明显。从模型（2）到模型（5）依次加入其他控制变量后，服务贸易进口技术含量的估计系数大小发生了变化，但其与中国制造业效率之间的正相关关系没有发生变化，且都还在 1% 的水平下显著通过检验。这一结果支持了我们前面的逻辑推断：服务贸易进口技术含量的提升对中国制造业效率的提升有促进作用。

　　就本书的控制变量而言（见表 4 - 3），从模型（2）到模型（5）的回归结果看，人力资本的估计系数显著为正，且在 1% 的统计水平下显著通过检验，这意味着人力资本也是促进制造业效率提升的重要因素之一。这一研究结果与我们的预期相一致，也与现有的研究成果相一致（Benhabib and Spiegel，1994；江静等，2007；戴翔和金碚，2013）。从模型（3）到模型（5）的回归结果看，行业出口渗透率的估计系数为负，且都在 1% 的水平下显著通过检验，这意味着出口贸易的扩张对中国制造业效率的提升产生了不利的影响。这一研究结果与新贸易理论相悖，Melitz（2003）的理论分析表明，企业生产率越高越有可能出口。但与中国企业出口的"生产率悖论"相一致。张杰等（2009）、李春顶和赵美英（2010）的研究都指出，中国制造业企业的出口活动对其劳动生产率产生了抑制和负面的影响。从模型（4）到模型（5）的回归结果来看，外商直接投资的估计系数为正，且在 1% 的水平下显著通过检验，这说明外商直接投资对中国制造业效率的提升有显著的促进作用，也进一步说明中国的"以市场换技术"战略在一定程度上是成功的。由于我们的技术基础还比较薄弱，引进、消化和吸收的学习过程是必不可少的，只有打好坚实的基础，才能进行自主的研发和创新。从模型（5）的回归结果看，行业竞争程度的估计系数为正，且也在 1% 的水平下显著通过检验，这说明行业竞争越激烈，制造业效率的提升就越明显。

表 4 – 3　全样本 FMOLS 回归结果

解释变量	（1）	（2）	（3）	（4）	（5）
lnST	1.2292 *** （56.8493）	1.1612 *** （113.7361）	1.2553 *** （94.9662）	1.2685 *** （88.7774）	1.0970 *** （93.2081）
human		0.7028 *** （20.7481）	0.2253 *** （18.7020）	0.1837 *** （16.8832）	0.1840 *** （17.6316）
export			– 0.0451 *** （98.6031）	– 0.0155 *** （88.4510）	– 0.0143 *** （92.7220）
FDI				0.1500 *** （98.1190）	0.0234 *** （102.5222）
ln*company*					0.4773 *** （36.0454）

注：括号内为回归系数的统计量；＊、＊＊、＊＊＊分别表示在 10%、5% 和 1% 的水平下显著。

三　服务贸易进口分部门的技术含量对中国制造业效率的影响

上述回归结果表明，服务贸易进口技术含量高的服务产品从总体上能促进中国制造业效率的提升，但在各部门又存在巨大的差异，究其原因，作为知识、信息和技术等高级要素的重要载体，传统服务业与新型服务业内含的知识和技术差异巨大，尤其是将服务贸易进口当作中间投入品时，不同服务贸易部门甚至是同一服务贸易部门不同环节对制造业效率的影响也是不同的。为了更加详尽地实证分析技术含量不同的部门是如何影响制造业效率的，我们设定如下回归方程：

$$\ln pro_{it} = c_{it} + \beta_1 A_t + \beta_2 human_{it} + \beta_3 FDI_{it} + \beta_4 export_{it} +$$
$$\beta_5 \ln company_{it} + \varepsilon_{it} \qquad\qquad (4-4)$$

其中，A 是核心解释变量信息集，包括 ST_1 运输服务进口、ST_2 建筑服务进口、ST_3 通信服务进口、ST_4 金融服务进口、ST_5 保险服务进口、ST_6 专利和特许费服务进口、ST_7 信息和计算机服务进口。控制变量同方程（4-1）。

我们首先在回归方程（4-4）中同时加入本书的控制变量，然后通过依次加入核心解释变量的方法，分别研究服务贸易进口分部门的技术含量对中国制造业效率的影响。从表4-4的回归结果看，我们可以得出如下结论。第一，就影响的显著性而言，模型（1）至模型（7）的结果表明，此处选定的7类服务贸易进口分项中，7个核心解释变量的估计系数都为正，且都在1%的水平下显著通过检验，也就是说本书所选定的这7个核心解释变量都是影响中国制造业效率的重要因素。第二，就影响的程度而言，从7个核心解释变量估计系数的大小来看，在这7类服务贸易进口分项中，影响最大的是信息和计算机服务进口，估计系数是1.1899，也就是说，信息和计算机服务进口的技术含量每提高1%，中国的制造业效率就提高1.1899%；其次是专利和特许费服务进口、保险服务进口、金融服务进口、通信服务进口、建筑服务进口和运输服务进口，其估计系数的大小分别为1.1780、1.1526、1.1501、1.1030、1.0697和1.0017。从中我们不难发现，具有不同特征的服务贸易进口，由于其内含的知识、信息和技术存在差异，其对制造业效率的提升也不尽相同，这进一步验证了本书的理论假设：作为高级生产要素的投入，服务贸易进口的技术含量越高，其所具有的生产效应、技术溢出效应、产业集聚效应和要素重组效应就越明显，因而对中国制造业效率的提升就越显著。第三，就控制变量而言，从模型（1）至模型（7）的结果来看，人力资本、外商直接投资和行业的竞争程度与表4-3中的结果无论是从显著性上还是从数值大小上都差别不大，均没有发生实质性的改变。而出口渗透率的估计系数大多为正，且在1%的水平下显著通过检验，这说明出口渗透率对中国制造业效率的提升产生了显著的促进作用，也就是说在考虑了不同服务贸易部门之间技术含量的差异性后，中国通过对外贸易的"干中学"效应是相当明显的，出口的扩张促进了中国制造业效率的提升。

表 4-4　服务贸易进口分部门的 FMOLS 回归结果

	（1）	（2）	（3）	（4）	（5）	（6）	（7）
$\ln ST_1$	1.0017 *** （90.8205）						
$\ln ST_2$		1.0697 *** （101.1029）					
$\ln ST_3$			1.1030 *** （110.9803）				
$\ln ST_4$				1.1501 *** （105.0920）			
$\ln ST_5$					1.1526 *** （118.0225）		
$\ln ST_6$						1.1780 *** （95.7222）	
$\ln ST_7$							1.1899 *** （122.4946）
human	0.1010 *** （16.5223）	0.1248 *** （19.1518）	0.1769 *** （21.2095）	0.1223 *** （18.1351）	0.1852 *** （19.8507）	0.2044 *** （17.8214）	0.1591 *** （22.0402）
export	0.0050 *** （85.4074）	0.0163 *** （96.5004）	0.0108 *** （101.9663）	0.0021 *** （101.3323）	0.0088 *** （108.8249）	0.0208 *** （88.8871）	0.0116 *** （108.6835）
FDI	0.0390 *** （93.6448）	0.0671 *** （106.7058）	0.0611 *** （115.2268）	0.0637 *** （111.7023）	0.0694 *** （120.0416）	0.0920 *** （99.4493）	0.0858 *** （124.2504）
lncompany	0.5598 *** （33.4113）	0.4337 *** （38.1203）	0.2218 *** （40.3179）	0.0229 *** （37.7709）	0.0989 *** （39.7709）	0.1688 *** （34.0083）	0.0494 *** （41.3981）

注：同表 4-3。

四　服务贸易进口的技术含量对中国制造业分部门效率的影响

沿用江静等（2007）的分类方法，以要素密集度的不同为分类标准，把制造业部门分为劳动密集型行业、资本密集型行业和技术密集型行业。一般情况下，劳动密集型行业主要依靠大量的劳动力投入，主要存在于劳动力资源比较丰富和廉价的发展中国家。资本密集型行业主要以大量的物质资本投入为主，主要存在于向发达国家过渡的中等收入发展中国家。而技术密集型行业主要依靠大量的知识和技术投入，主要存在于知识和技术丰富的发达国家。制造业部门之间知识和技术的差异，导致服务贸易进口对其影响也存在显著的不同，这就需要我们对此进行计量检验与分析，以期找出不同之处，并据此提出相应的政策措施，为中国制造业效率的提升提供必要的经验支持，所以，我们将对回归方程（4-1）进行重新回归，回归结果如表4-5、表4-6和表4-7所示。

从表4-5、表4-6和表4-7的回归结果看，我们可以得出以下几点结论。

第一，无论是劳动密集型行业、资本密集型行业，还是技术密集型行业，在依次加入控制变量后，核心解释变量服务贸易进口的技术含量指数对中国制造业效率提升的显著正向作用并没有发生改变。这说明了服务贸易进口的技术含量对中国制造业效率提升的促进作用具有相当的可靠性和稳健性。

第二，服务贸易进口的技术含量对劳动密集型行业、资本密集型行业和技术密集型行业效率影响的大小存在显著的差别。从回归结果来看，对技术密集型行业的促进作用最大，其次是资本密集型行业，最后是劳动密集型行业。这一回归结果与Francois和Woerz（2007）、戴翔和金碚（2013）的研究结论相吻合，制造业内部不同部门之间要素密集度的不同，决定了其在生产过程中对投入品的需求也不同。产品的资本和技术含量越高，产品的竞争力就越强，制造业效率就越高，相应地就越需要资本和技术含量高的投入品，而服务作为高级生产要素投入，其技术含量越高，就越能促进产品的竞争力和行业的效率。

第三，就控制变量而言，人力资本对劳动密集型行业、资本密集型行业和技术密集型行业的效率提升都有显著的促进作用，但作用的大小则存在明显的差异。具体而言，人力资本对劳动密集型行业的促进作用最大，其次是资本密集型行业，最后是技术密集型行业，这意味着中国的人力资本质量不高，还处于低水平发展阶段，对先进技术的吸收能力不高。谢建国和周露昭（2009）以中国为例分析了人力资本在吸收国外先进技术扩散中的作用。他们的研究发现，人力资本作为知识传播的重要载体，在吸收国外先进技术中起着至关重要的作用，没有人力资本规模的积累和质量的提升，就不可能利用国外的先进技术来提高本国的劳动生产率。因此，为了能有效地利用国外的先进技术，就需要加大对人力资本的投资，逐步优化教育资源，构建合理的职业培训教育。出口渗透率对劳动密集型行业、资本密集型行业和技术密集型行业的效率提升都有显著的负向作用，但负向作用的大小也存在差异。具体而言，出口渗透率对技术密集型行业的负向作用最弱，其次是资本密集型行业，最后是劳动密集型行业。可能的原因在于技术密集型产品的出口更多的是依靠技术进步，通过"干中学"效应弱化了负向作用，而资本密集型产品和劳动密集型产品依靠大量的资本和劳动投入，产生了"扩张陷阱"①，进而会强化这种负向作用。外商直接投资利用金额对劳动密集型行业、资本密集型行业和技术密集型行业都产生了显著的正向作用，这种正向的促进作用在技术密集型行业最为突出，这说明近年来中国在吸引外商直接投资方面，除了保持规模方面的优势外，质量也在大幅度的提高。根据《2013 中国外商投资报告》的统计，近六年来，通信设备、计算机及其他电子设备制造业、电气机械及器材制造业的外商直接投资额占比均超过了 10%。行业的竞争程度对各分组工业行业产生了显著的正向作用，并且在资本密集型行业中这种促进作用最为明显，这意味着适当地降低资本密集型行业的进入门槛，引进民营资本，增加行业内部企业之间的竞争程度，可以有效地提高资本密集型行业的生产效率。

---

① 根据"扩张陷阱"理论，企业低生产率水平的规模扩张会降低其劳动生产率。

表4-5 劳动密集型行业的 FMOLS 回归结果

	（1）	（2）	（3）	（4）	（5）
lnST	1.2219 *** （69.1453）	1.1411 *** （109.2930）	1.2251 *** （100.8141）	1.2256 *** （90.1345）	0.9780 *** （96.0887）
human		0.9556 *** （12.6058）	0.3773 *** （11.8540）	0.2580 *** （10.3155）	0.1928 *** （11.2384）
export			- 0.0666 *** （109.3562）	- 0.0212 *** （94.9594）	- 0.0477 *** （98.7684）
FDI				0.0201 *** （100.9081）	0.0131 *** （105.5823）
lncompany					0.4698 *** （36.7771）

注：同表4-3。

表4-6 资本密集型行业的 FMOLS 回归结果

	（1）	（2）	（3）	（4）	（5）
lnST	1.2503 *** （75.9583）	1.1580 *** （103.1249）	1.2310 *** （94.9218）	1.2819 *** （101.0688）	1.1333 *** （103.6922）
human		0.5544 *** （26.0282）	0.2588 *** （23.3542）	0.1704 *** （23.0628）	0.1172 *** （23.5411）
export			- 0.0063 *** （79.2888）	- 0.0188 *** （74.3421）	- 0.0094 *** （79.3672）
FDI				0.0386 *** （80.6343）	0.0320 *** （84.7677）
lncompany					0.6304 *** （39.6354）

注：同表4-3。

表4-7 技术密集型行业的 FMOLS 回归结果

	（1）	（2）	（3）	（4）	（5）
lnST	1.2587 *** （79.4686）	1.1806 *** （117.9230）	1.3344 *** （94.4180）	1.3369 *** （86.3014）	1.2238 *** （86.9341）
human		0.2486 *** （38.0158）	0.2340 *** （32.6474）	0.1011 *** （29.1333）	0.0862 *** （29.1956）
export			- 0.0048 *** （118.7702）	- 0.0112 *** （100.9412）	- 0.0054 *** （101.5537）

续表

	（1）	（2）	（3）	（4）	（5）
FDI				0.0452 *** （123.5417）	0.03624 *** （124.7214）
ln*company*					0.3275 *** （33.1662）

注：同表 4 - 3。

第四节　结论

作为高级生产要素投入的服务贸易进口是制造业效率提升的重要源泉。本书采用最新测度服务贸易进口技术含量的方法，估算了 2001 ~ 2012 年中国服务贸易进口的技术含量水平，分析了其促进制造业效率提升的内在机制，并运用 28 个细分行业的面板数据进行了实证检验，结果如下。

第一，从总体上看，服务贸易进口的技术含量对中国制造业效率提升具有显著的促进作用，也就是说，提高服务贸易进口的技术含量有助于提升中国制造业效率。

第二，从服务贸易进口分项层面上看，其进口技术含量对中国制造业效率提升的影响存在差异。具体表现在，进口技术含量越高的服务，其对中国制造业效率提升的促进作用就越明显，信息和计算机服务进口、专利和特许费服务进口对中国制造业效率提升的作用要大于运输服务进口和建筑服务进口。

第三，从具有不同要素密集度特征的分行业层面来看，服务贸易进口的技术含量对中国制造业效率提升的影响也存在差异。具体表现在，服务贸易进口技术含量对技术密集型行业的影响最大，其次是资本密集型行业，最后是劳动密集型行业。

第四，从其他影响因素来看，在消除了变量之间的序列相关性和内生性问题后，人力资本、FDI 和行业竞争程度对中国制造业效率的提升具有显著的促进作用。这一结论在上述三个层面的回归结果中都成立，并且在不同要素密集度特征的分行业层面上又存在差异。具体而言，人力资本对劳动密集型行业的影响程度要大于资本密集型行业和技术密集型行业，FDI 对技术密集型行业的影响程度要大于资本密集型行业和劳动密集型行业，行业竞争程度对资本密集型行业的影响最为明显。出口渗透率对制造业效率的影响就比较复杂，从总体层面上和不同要素密集度特征的工业行业层面上，出口渗透率对中国制造业效率的提升产生了负面的影响，并且这种负面的影响在技术密集型行业上有所弱化；而在服务贸易进口分项层面上，出口渗透率对中国制造业效率的提升产生了正向的促进作用。

第五章 服务贸易进口的技术含量对中国制造业效率的影响：间接效应分析

第一节 引言

实际上，19世纪末第二次产业革命发生之后，工业国的增长模式发生了根本性的转变，从投资驱动的增长模式转变为技术进步和效率提高驱动的增长模式，也就是采取了现代经济的增长模式。它的一个重要特征是制造业的"服务化"，即制造业中服务业比重的提高，以及独立服务业的脱颖而出，逐步在带动国民经济增长中扮演了越来越重要的角色。根据《中国服务经济发展报告2012》中对OECD部分国家和金砖五国制造业企业服务化水平的计算，在所选择的样本国家中，几乎所有经济体有一半的上市制造业企业提供了至少一种服务，说明制造业企业服务化确实作为一种世界范围内的现象广泛存在。同时发现排名靠前的大都是西欧和北美的国家，以瑞典为最高，高达92.86%；而东欧、非洲、大多数亚洲国家的制造业企业服务化水平很低，金砖五国也处于底部位置，中国只有68.16%。这说明虽然中国有着规模庞大的制造业企业，但服务化水平还处于较低的水平，基本是以劳动力成本优势参与国际分工的过程，创新和转型比较缓慢。

在第二章的分析中，服务贸易进口除了能给进口国制造业带来必要的服务要素投入之外，还能促进本国服务业的发展，而服务业的发展又会促进制造业效率的提升。当前中国服务业发展的相对滞后已经成为制约中国经济运行效率提高的主要因素之一。而随着经济全球化的不断深化和科学技术的飞速发展，服务的可贸易程度大幅提高，服务贸易发展迅速。中国的服务贸易发展成效显著，在全球服务贸易中的份额和排名急剧上升，但服务贸易却持续逆差，并且近年来这种逆差的规模呈不断扩大之势。那么，大规模的服务贸易进口对于中国服务业的发展会产生什么样的影响？特别是技术含量高的服务产品进口能否促进中国高端服务业的发展？服务业的发展又会对制造业效率的提升产生什么样的影响？这是本章要重点讨论的问题。在这里，我们主要从以下两个方面入手来展开分析：首先，实证检验服务贸易进口的技术含量与中国服务业发展之间的关系；其次，实证检验中国服务业与中国制造业之间的关系。

第二节　服务贸易进口的技术含量与中国服务业发展

一　变量选取、模型设定与数据说明

（一）被解释变量及其测度方法

根据中国行业分类标准（GB/T 4754—2002）和数据的可获得性，本书所研究的服务业主要包括交通运输、仓储和邮政业，信息传输、计算机服务和软件业，批发和零售业，住宿和餐饮业，金融业，房地产业，租赁和商务服务业，科学研究、技术服务和地质勘查业，水利、环境和公共设施管理业，居民服务和其他服务业，教育，卫生、社会保障和社会福利业，文化、体育和娱乐业，公共管理和社会组织共 14 个行业。对于中国服务业的发展，不同的研究文献给出的衡量方法也不同，

在本书中我们沿用 Fernandes（2007）的做法，采用样本期内各服务行业的增加值与就业人数之比（记为 SD）来表示，也称之为基于就业的劳动生产率（Employment-base Labor Productivity）。

（二）解释变量及其测度方法

为了使计量回归结果具有一致性和可比性，关于解释变量服务贸易进口的技术含量的定义和测度方法和第四章一样，依旧沿用戴翔和金碚（2013）的方法，且用 IS_t 来表示服务贸易进口的技术含量。

（三）其他控制变量

除了本书关注的核心解释变量服务贸易进口的技术含量外，各服务行业的人力资本、外商直接投资、固定资产投资和规模经济等，也是影响中国服务业发展的重要因素。为此，我们考虑将上述因素作为控制变量纳入本书的计量分析之中。

现代服务业和服务贸易发展的基本特征是人力资本密集，劳动生产率不断提高，这也正是一国服务业比较优势形成和保持的关键。关于人力资本（记为 human），借鉴彭国华（2006）的思路，沿用杨校美和张诚（2014b）的做法，把服务业就业人员受教育的构成分为文盲或半文盲、小学、初中、高中、大专及以上（大学专科、大学本科、研究生），其平均受教育年数分别定为 1.5、6、3、3、3.5 年。把中国教育回报率的构成分为小学教育阶段为 0.18，中学教育阶段为 0.134，高等教育阶段为 0.151。则教育年数为 0~6 年的教育回报率为 0.18，6~12 年的为 0.134，12 年以上的为 0.151。如果受教育年数平均为 13.5，则人均人力资本的计算方法就为 $\ln human = 0.18 \times 6 + 0.134 \times 6 + 0.151 \times 1.5$。最后我们就可以利用以上数据计算出人力资本 $H = \exp(\ln human) \times L$。其中，$L$ 是各生产者服务业的就业人数。

关于外商直接投资（记为 FDI），我们采用样本期内各服务业行业吸引外商直接投资的实际利用额与整个服务业外商直接投资实际利用总额的比值来表示。

对于固定资产投资（记为 *capital*），我们采用样本期内各服务业行业的全社会固定资产投资与总的服务业全社会固定资产投资的比值。

对于规模经济（记为 *size*），我们采用样本期内各服务业行业的法人企业个数与就业人数的比值来表示。

结合前面的分析和定义，我们设定如下回归方程：

$$\ln SD_{it} = c_{it} + \beta_1 \ln IS_t + \beta_2 \ln human_{it} + \beta_3 FDI_{it} + \beta_4 \ln size_{it} + \beta_5 capital_{it} + \varepsilon_{it}$$

$$(5-1)$$

其中，下标 i 表示服务业的各细分行业，下标 t 表示时间，ε_{it} 为随机干扰项，SD_{it} 为第 i 个行业在时间 t 的全员劳动生产率，是本书的被解释变量，IS_t 表示第 t 年的服务贸易进口的技术含量指数，是本书重点关注的核心解释变量，该变量没有下标 i，表示对所有细分行业产生整体影响，其他控制变量的定义参照上面的定义。

自 2004 年起统计数据的行业分类按新国民经济分类（GB/T 4754—2002）进行划分，所以，鉴于数据的可获得性和完整性，计量检验的研究样本为 2004～2012 年 14 个服务业细分行业的数据资料。计算中所使用到的数据来自联合国贸发会议的统计数据（UNCTAD Statistics）、历年《中国第三产业统计年鉴》和《中国人口和就业统计年鉴》以及国研网统计数据库。

为了能更好地从直观上了解各个经济变量，表 5-1 给出了各个变量的统计描述。另外，在现实的经济环境中，许多经济变量往往存在相关的共同趋势，这就会产生回归的多重共线性问题。多重共线性的存在会对回归结果产生诸多不良后果，比如参数估计量的存在性问题、方差变大问题、经济含义不合理问题、显著性检验和模型的预测功能失去意义等。一般的检验方式有两种：一是相关系数矩阵法，二是方差膨胀因子（Variance Inflation Factor, VIF）法。表 5-2 给出了相应的分析结果，从相关系数矩阵中可以看到，解释变量之间的相关性比较弱，最大的为 0.6097，低于 0.7 的临界值，因此，可以认为基本不存在严重的多重共线性问题。从方差膨胀因子的大小来看，发现 VIF 的值都在 1 和 5 之间，远远低于 10 的临界值，进一步确认了不存在多重共线性问题。

表 5 - 1　变量统计描述

变量	观测值	均值	标准差	最小值	最大值
lnSD	126	12.2454	0.9163	10.4150	14.0519
lnIS	126	9.4410	0.9931	9.2479	9.5582
ln$human$	126	7.8439	1.0209	5.6702	9.7944
FDI	126	7.1429	11.6946	0	55.1556
ln$size$	126	6.4342	0.9710	4.2021	8.2149
$capital$	126	7.1428	11.5206	0.2066	48.2678

表 5 - 2　变量的相关系数矩阵

	lnIS	ln$human$	FDI	ln$company$	$capital$
lnIS	1.0000				
ln$human$	0.0739	1.0000			
FDI	-0.0000	-0.2008	1.0000		
ln$size$	0.1066	-0.3985	0.3495	1.0000	
$capital$	0.0000	-0.0900	0.6097	0.0238	1.0000
VIF	1.03	1.22	4.27	1.76	3.76

二　实证分析

（一）服务贸易进口的技术含量对中国服务业发展的影响

服务贸易进口的技术含量指数是本书关注的核心解释变量，为了得到可靠和稳定的回归结果，我们以该指数为基础，然后依次加入其他控制变量进行回归，并通过 Hausman 检验判断回归所采用的方法，回归结果如表 5 - 3 所示。

通过对表 5 - 3 的回归结果进行分析，我们可以得到以下几点结论。

从模型（1）的回归结果来看，服务贸易进口的技术含量与中国服务业的发展呈正相关关系，并且在1%的统计水平下显著通过检验。就实证数据来看，服务贸易进口的技术含量的估计系数为2.352，也就是说，服务贸易进口的技术含量每提高1%，中国服务业的发展就提高2.352%。显然，服务贸易进口的技术含量越高，中国服务业的发展提升就越快。从模型（2）到模型（5）依次加入其他控制变量后，服务贸易进口的技术含量的估计系数的大小发生了变化，但其与中国服务业发展之间的正相关关系没有发生变化，且都在1%的水平下显著通过检验。这一结果支持了我们前面的逻辑推断：服务贸易进口的技术含量的提升可以促进中国服务业的发展。

就本书的控制变量而言（见表5-3），从模型（2）到模型（5）的回归结果看，人力资本的估计系数显著为正，且都在1%的统计水平下显著通过检验。这意味着人力资本也是促进中国服务业发展的重要因素之一，这一研究结果与现有的理论相吻合，也与我们的预期相一致：现代服务业的发展更多的是依赖于人力资本，尤其是那些知识、技术密集型的高级生产者服务业和高层次的服务行业。从模型（3）到模型（5）的回归结果看，外商直接投资的估计系数为正，且至少在10%的水平下显著通过检验。这一结果说明，服务业FDI通过前向联系、后向联系、模仿和示范效应、人员流动等技术溢出效应促进了中国服务业的发展，并且，随着中国对外开放步伐的不断加大和中国加入WTO承诺的兑现，服务业FDI无论是从利用外商直接投资项目还是从实际利用外资金额方面都超越了制造业FDI，成为中国吸引外商直接投资的主力军。根据《2013中国外商投资报告》的统计，从利用外商直接投资项目上来看，2002年，服务业外商直接投资项目占全国总项目的比重为16.5%，2012年，这一比重增加到54.3%，十年间增长了37.8个百分点。2002年，制造业外商直接投资项目占全国总项目的比重为73%，2012年，该比重下降到36%，十年间减少了37个百分点。从实际利用外商直接投资金额来看，2002年，服务业吸引外商直接投资121亿美元，占当年全国总量的 22%，2012 年，这一比重上升到 48.2%，十年间上升了 26.2 个百分点。而同期制造业的比重则从 2002 年的 66.9% 降至 2012 年的 45.7%，十年间下降了 21.2 个百分点。根据我们的回归结果，服务业 FDI 持续快速的增长势必会使整个服务业也得到持续和快速的发展。从模型（4）到模型（5）的回归结果看，规模经济的估计系数为正。这说明规模经济是中国服务业发展的一个重要决定因素，因为随着服务业企业规模的扩大和规模经济的出现，服务业企业的劳动分工和专业化程度不断得到提高和深化，这势必会降低企业的运行成本和制造成本，进而提高服务业企业的劳动生产率，促进服务业的快速发展。从模型（5）的回归结果看，全社会固定资产投资的估计系数为负，且在 10% 的统计水平下显著通过检验。这表明全社会固定资产投资对中国服务业的发展产生了不利的影响，这与现有的研究理论相悖。一般理论认为，一国服务业的资本投入规模和结构，直接决定了该国服务业发展水平、规模和国际竞争力（黄建忠和刘莉，2008）。但从中国服务业全社会固定资产投资的实际数据来看，又与现有的理论相一致，2003～2012 年，虽然各年度服务业固定资产投资总额占全社会固定资产投资的比重均超过了 50%，但与初期相比，投资占比却在下降，此期间的增长率为 -6.44%。[1] 这种情况表明，现阶段服务业发展的势头有所减弱，当前中国经济新型工业化过程中服务业的发展动力和速度问题将是一个长期而艰巨的任务。

表 5 - 3　全样本回归结果

	（1）	（2）	（3）	（4）	（5）
	FE	FE	FE	FE	FE
lnIS	2.352 ***	1.486 ***	1.477 ***	1.061 ***	1.032 ***
	（10.85）	（7.17）	（7.17）	（5.75）	（5.64）
ln$human$		1.139 ***	1.151 ***	0.829 ***	0.895 ***
		（7.79）	（7.95）	（6.29）	（6.66）

---

[1]　数据来源于历年《中国第三产业统计年鉴》，并经笔者计算所得。

续表

	（1）	（2）	（3）	（4）	（5）
	FE	FE	FE	FE	FE
FDI			0. 014 * （1. 81）	0. 012 * （1. 71）	0. 015 ** （2. 22）
ln*size*				0. 635 *** （6. 64）	0. 614 *** （6. 47）
capital					− 0. 028 * （− 1. 95）
常数项	− 9. 959 *** （− 4. 86）	− 10. 719 *** （− 6. 48）	− 10. 828 *** （− 6. 61）	− 8. 441 *** （− 5. 89）	− 8. 375 *** （− 5. 92）
R2_ within	0. 515	0. 687	0. 696	0. 784	0. 792
R2_ between		0. 383	0. 305	0. 041	0. 107
R2_ overall	0. 0650	0. 247	0. 188	0. 006	0. 038
Hausman 检验		34. 44 （0. 000）	38. 71 （0. 000）	25. 26 （0. 000）	27. 90 （0. 000）
观察数	126	126	126	126	126

注：括号内为回归系数的 t 统计量，其中，Hausman 检验中的括号内表示伴随概率值，如果 P 值小于 5% ，认为应该使用固定效应模型，而非随机效应模型，反之，如果 P 值大于 5% ，则应该建立随机效应模型；＊ 、＊＊ 、＊＊＊ 分别表示在 10% 、5% 和 1% 的水平下显著。

（二）服务贸易进口分部门的技术含量对中国服务业发展的影响

虽然从上面的计量研究结果中我们知道，服务贸易进口的技术含量从整体上能促进中国服务业的发展，但由于服务贸易进口分部门之间内含的知识、信息和技术各不相同，所以，服务贸易进口分部门之间的技术含量水平也存在显著的差异，这种差异势必会对进口国服务业的发展带来不同的影响和作用。因此，考虑到服务贸易进口的分部门的技术含量的差异性，我们设定如下计量回归方程：

$$\ln SD_{it} = c_{it} + \beta_1 \ln A_t + \beta_2 \ln human_{it} + \beta_3 FDI_{it} + \beta_4 \ln size_{it} + \beta_5 capital_{it} + \varepsilon_{it} \quad (5-2)$$

其中，A 是核心解释变量信息集，包括 ST_1 运输服务进口、ST_2 建筑服务进口、ST_3 通信服务进口、ST_4 金融服务进口、ST_5 保险服务进口、

ST_6专利和特许费服务进口、ST_7信息和计算机服务进口。控制变量同方程（5-1）。

我们首先在计量方程（5-2）中同时加入本书的控制变量，然后通过依次加入核心解释变量的方法，分别研究服务贸易进口分部门的技术含量对中国服务业发展的影响。从表5-4的回归结果看，我们可以得出如下结论。第一，就影响的显著性而言，模型（1）至模型（7）的结果表明，此处选定的7类服务贸易进口分项中，7个核心解释变量的估计系数都为正，且大都在1%的水平下显著通过检验，也就是说，本书选定的这7个核心解释变量都是影响中国服务业发展的重要因素。第二，就影响程度而言，从7个核心解释变量估计系数的大小来看，这7类服务贸易进口分项中，影响最大的是信息和计算机服务进口，其次是专利和特许费服务进口、保险服务进口、金融服务进口、通信服务进口、建筑服务进口和运输服务进口。从中我们不难发现，具有不同特征的服务进口，其内含的知识、信息和技术存在差异，其对服务业发展的影响也不相同。这进一步验证了本书的理论假设：服务贸易进口的技术含量越高，其所具有的技术溢出效应、要素重组效应和产生新产业效应就越明显，因而对中国服务业发展的促进作用就越大。第三，就控制变量而言，从模型（1）至模型（7）的结果来看，除了全社会固定资产投资的估计系数的显著性和表5-3有差别外〔在模型（3）、模型（5）、模型（6）和模型（7）中，其估计系数不显著〕，其他控制变量无论是从显著性上还是从数值大小上都差别不大，均没有发生实质性的变化。

表5-4　服务贸易进口分部门回归结果

	（1）	（2）	（3）	（4）	（5）	（6）	（7）
	FE	FE	FE	FE	FE	FE	FE
$\ln ST_1$	0.607** (2.28)						
$\ln ST_2$		0.738*** (3.12)					

续表

	（1）	（2）	（3）	（4）	（5）	（6）	（7）
	FE	FE	FE	FE	FE	FE	FE
$\ln ST_3$			1.112 ***				
			（10.01）				
$\ln ST_4$				1.166 ***			
				（7.95）			
$\ln ST_5$					1.271 ***		
					（8.98）		
$\ln ST_6$						1.435 ***	
						（7.72）	
$\ln ST_7$							1.689 ***
							（9.20）
$\ln human$	1.173 ***	1.109 ***	0.437 ***	0.640 ***	0.591 ***	0.637 ***	0.366 **
	（8.38）	（8.02）	（3.47）	（4.84）	（4.71）	（4.78）	（2.57）
FDI	0.016 **	0.016 **	0.013 **	0.014 **	0.014 **	0.014 **	0.013 **
	（2.13）	（2.15）	（2.39）	（2.30）	（2.39）	（2.27）	（2.21）
$\ln size$	0.771 ***	0.726 ***	0.379 ***	0.486 ***	0.441 ***	0.497 ***	0.407 ***
	（7.70）	（7.27）	（4.50）	（5.43）	（5.10）	（5.51）	（4.68）
$capital$	−0.035 **	−0.034 **	−0.169	−0.022 *	−0.021 *	−0.022	−0.015
	（−2.19）	（−2.13）	（−1.41）	（−1.66）	（−1.66）	（−1.64）	（−1.17）
常数项	−7.945 ***	−8.586 ***	−4.188 ***	−7.374 ***	−7.625 ***	−11.351 ***	−11.013 ***
	（−2.81）	（−3.67）	（−5.96）	（−7.30）	（−8.04）	（−7.90）	（−9.08）
R2_within	0.742	0.753	0.860	0.830	0.846	0.827	0.849
R2_between	0.128	0.127	0.030	0.070	0.070	0.065	0.001
R2_overall	0.064	0.061	0.002	0.009	0.006	0.007	0.025
Hausman 检验	36.52	34.51	19.36	20.33	19.36	20.11	12.31
	（0.000）	（0.000）	（0.002）	（0.001）	（0.002）	（0.001）	（0.031）
观察数	126	126	126	126	126	126	126

注：同表 5 - 3。

（三）服务贸易进口的技术含量对中国服务业分行业发展的影响

按照李善同等（2008）的分类方法[①]，可以把中国的服务行业分为

---

① 该分类方法以"中间使用率"和"非居民最终消费比率"的平均值为标准，并参照中国
行业分类标准（GB/T 4754—2002）对中国服务业进行了分类。

以下三个行业：生产性服务业、消费性服务业和社会公共服务业。其中，生产性服务业包括交通运输、仓储和邮政业，信息传输、计算机服务和软件业，批发和零售业，金融业，租赁和商务服务业，科学研究、技术服务和地质勘查业 6 个行业。消费性服务业包括住宿和餐饮业，房地产业，居民服务和其他服务业 3 个行业。社会公共服务业包括水利、环境和公共设施管理业，教育，卫生、社会保障和社会福利业，文化、体育和娱乐业，公共管理和社会组织 5 个行业。具体的分类标准见表 5-5。

表 5-5 中国国民经济行业分类的调整及各服务行业的属性界定

《国民经济行业分类》（GB/T 4754—2002）中的服务业			
F 交通运输、仓储和邮政业	生产	N 水利、环境和公共设施管理业	公共
G 信息传输、计算机服务和软件业	生产	O 居民服务和其他服务业	消费
H 批发和零售业	生产	P 教育	公共
I 住宿和餐饮业	消费	Q 卫生、社会保障和社会福利业	公共
J 金融业	生产	R 文化、体育和娱乐业	公共
K 房地产业	消费	S 公共管理和社会组织	公共
L 租赁和商务服务业	生产	T 国际组织	公共
M 科学研究、技术服务和地质勘查业	生产		

注：参见国家统计局 2002 年国民经济行业分类标准和李善同等（2008）的分类方法。

根据表 5-6、表 5-7 和表 5-8 的回归结果，我们可以得出以下几点结论。

第一，无论是生产性服务业、社会公共服务业，还是消费性服务业，在依次加入控制变量后，并不改变服务贸易进口的技术含量这一核心解释变量的回归系数的符号及其显著性，说明服务贸易进口的技术含量对中国服务业发展的促进作用具有相当的可靠性和稳健性。

第二，服务贸易进口的技术含量对生产性服务业、社会公共服务业和消费性服务业的影响存在显著的差别。从回归结果来看，对生产性服务业的影响最大，其次是社会公共服务业，最后是消费性服务业。对此可能的解释在于，生产性服务业所内含的知识、资本和技术要比社会公共服务业和消费性服务业高，所以，服务贸易进口的技术含量越高，其对生产性服务业发展的影响就越大。另外，就社会公共服务业而言，该行业诸如教育、医疗都是依靠政府的大量投资来运作，并且大都属于投资周期长、投资金额大、回报率低的事关国计民生的社会基础性行业，因此，基本上都是属于高度垄断的行业和部门，私人投资比较少，特别是像中国这样市场经济还未充分发展和完全建立的情况下，这种情况更为严重。所以，缺乏有效的竞争是社会公共服务业的主要特征，这势必会影响服务贸易进口的技术含量对其促进作用，这也进一步印证了我们实证分析结果的合理性和正确性。而消费性服务业除了和一国的经济发展水平和阶段密切相关外，还和该国的社会历史及传统文化等其他非经济因素密切相关，因此，服务贸易进口的技术含量对其影响相比其他两个行业来说是最小的。

第三，从其他控制变量来看，人力资本在生产性服务业、社会公共服务业和消费性服务业的回归中都显著为正，并且，对社会公共服务业的影响最大，其次是生产性服务业，最后是消费性服务业。对此的解释是，人力资本的累积和质量水平的提高主要是依赖于初等职业培训和高等教育，而人力资本的提高反过来又会进一步促进教育等社会公共服务业的发展。外商直接投资在社会公共服务业中大都不显著，而在生产性服务业和消费性服务业中大都显著为正，且对生产性服务业的影响要大于消费性服务业，这和中国所处的经济发展阶段和市场经济状况紧密相连。一开始中国的对外开放政策就是为了解决物资短缺问题和缓解产品供应紧张的局面，因此，中国吸引的外商直接投资更多的是专注于与生产有关的行业，所以，外商直接投资对生产性服务业的影响最大。另外中国的社会公共服务业基本上都是属于高度垄断性的行业，这势必会阻碍外商直接投资的进入，也进一步抑制了外商直接投资对社会公共服务业的影响作用，这也就是外商直接投资对中国社会公共服务业的影响不显著的主要原因。规模经济在三个细分行业的回归中也都显著为正，且对消费性服务业的影响最大，其次是社会公共服务业，最后是生产性服务业。这一研究结论也与中国服务业发展相对滞后的现实国情相吻合，尤其是资本、知识和技术密集型的生产性服务业市场化程度和专业化水平不高，难以发挥规模经济的效应。全社会固定资产投资对社会公共服务业和消费性服务业的发展产生了不利的影响，而对生产性服务业产生了有利的影响。对此的可能解释是，近些年特别是 2008 年国际金融危机爆发后，中国政府为了应对这次严重的经济危机，重新启动了以铁路、公路和基础建设为目标的大规模财政刺激政策。虽然经济刺激政策的实施使中国率先走出了经济下行的风险，经济实现了企稳回升，但这种以"铁公基"为投资导向的政策措施所带来的风险和后遗症也正在显现。一方面，"铁公基"投资效率的下降，降低了资金的使用效率；另一方面，对"铁公基"的大量投资挤压和侵占了对服务业的投资，阻碍了产业结构优化升级的步伐。

表5-6　生产性服务业回归结果

	(1)	(2)	(3)	(4)	(5)
	FE	RE	RE	RE	RE
lnIS	2.556***	1.707***	1.730***	1.257***	1.190***
	(7.14)	(4.58)	(4.92)	(3.23)	(3.26)
ln$human$		0.924***	0.992***	0.686***	0.593***
		(4.04)	(4.52)	(3.70)	(3.36)
FDI			0.028**	0.020**	0.017**
			(2.49)	(2.34)	(2.01)
ln$size$				0.616***	0.744***
				(5.66)	(6.79)
$capital$					0.054**
					(2.33)
常数项	-11.617***	-10.922***	-11.896***	-6.075***	-5.759***
	(-3.44)	(-3.74)	(-4.32)	(-2.61)	(-2.65)
R2_within	0.520	0.668	0.710	0.845	0.867
R2_between		0.001	0.003	0.001	0.001
R2_overall	0.225	0.098	0.099	0.069	0.055
Hausman 检验		3.73	3.01	6.71	4.85
		(0.155)	(0.390)	(0.152)	(0.434)
观察数	54	54	54	54	54

注：同表5-3。

表 5 - 7　社会公共服务业回归结果

	（1）	（2）	（3）	（4）	（5）
	FE	FE	FE	FE	FE
ln*IS*	2. 265 ***	1. 476 ***	1. 159 ***	1. 126 ***	0. 937 ***
	（6. 18）	（4. 73）	（3. 30）	（3. 47）	（3. 18）
ln*human*		1. 565 ***	1. 686 ***	1. 680 ***	1. 639 ***
		（5. 49）	（5. 91）	（6. 38）	（6. 99）
FDI			0. 146 *	− 0. 068	− 0. 027
			（1. 79）	（ − 0. 84）	（ − 0. 37）
ln*size*				0. 850 ***	1. 201 ***
				（2. 74）	（4. 05）
capital					− 0. 094 ***
					（ − 3. 24）
常数项	− 10. 080 ***	− 15. 809 ***	− 13. 756 ***	− 18. 579 ***	− 18. 108 ***
	（ − 2. 92）	（ − 5. 61）	（ − 4. 63）	（ − 5. 70）	（ − 6. 24）
R2_ within	0. 495	0. 718	0. 741	0. 785	0. 835
R2_ between		0. 287	0. 284	0. 126	0. 023
R2_ overall	0. 244	0. 083	0. 087	0. 027	0. 001
Hausman 检验		17. 51	18. 37	20. 07	26. 40
		（0. 000）	（0. 000）	（0. 005）	（0. 000）
观察数	45	45	45	45	45

注：同表 5 - 3。

表 5 - 8　消费性服务业回归结果

	（1）	（2）	（3）	（4）	（5）
	FE	RE	FE	FE	FE
ln*IS*	2. 089 ***	1. 428 ***	1314 ***	0. 232 ***	0. 316 ***
	（5. 42）	（3. 99）	（3. 45）	（2. 26）	（3. 11）
ln*human*		0. 760 ***	0. 880 ***	0. 419 ***	0. 649 ***
		（3. 63）	（3. 96）	（12. 56）	（8. 30）
FDI			0. 001	0. 004 ***	0. 006 **
			（0. 12）	（5. 01）	（2. 43）
ln*size*				1. 241 ***	1. 091 ***
				（34. 48）	（17. 25）
capital					− 0. 020 ***
					（ − 2. 91）

	（1）	（2）	（3）	（4）	（5）
	FE	RE	FE	FE	FE
常数项	− 6. 441 * （− 1. 77）	− 5. 310 * （− 1. 80）	− 5. 051 （− 1. 69）	− 0. 581 （− 0. 76）	− 1. 593 ** （− 2. 13）
R2_ within	0. 561	0. 74	0. 751	0. 982	0. 989
R2_ between		0. 137	0. 116	0. 543	0. 595
R2_ overall	0. 041	0. 009	0. 010	0. 631	0. 657
Hausman 检验		2. 64 （0. 267）	17. 27 （0. 000）	1. 99 （0. 270）	7. 73 （0. 021）
观察数	27	27	27	27	27

注：同表 5 – 3。

三 结论

通过对中国服务贸易进口的技术含量和服务业发展之间关系的经验研究，我们可以发现，服务贸易进口的技术含量的提升可以促进中国服务业的发展，并且服务贸易进口的技术含量越高的部门，其对中国服务业发展的促进作用就越明显。就服务业分行业层面来看，服务贸易进口的技术含量的提升对中国生产性服务业的影响最大，其次是社会公共服务业，最后是消费性服务业。这一研究结果从实证上印证了服务贸易进口的技术含量促进服务业发展的传导机制的正确性，也明确地回答了本章开始所提出的第一个问题，即通过发展服务贸易能促进中国服务业的发展，且通过进口高端服务产品能促进中国高端服务业的发展。

第三节 服务业发展与中国制造业效率

一 模型设定与数据处理

为了使研究结果具有可比性和稳定性，结合第四章和本章第二节中的回归模型的设定，针对服务业发展对中国制造业效率的影响，我们设定如下回归方程：

$$\ln pro_{it} = c_{it} + \beta_1 SD_t + \beta_2 human_{it} + \beta_3 export_{it} +$$
$$\beta_4 FDI_{it} + \beta_5 company_{it} + \varepsilon_{it} \qquad (5-3)$$

其中，下标 i、t 分别表示制造业行业和时间，ε_{it} 为随机干扰项，pro_{it} 为第 i 个行业在时间 t 的全员劳动生产率，是被解释变量，SD_t 表示第 t 年服务业增加值与就业人数之比，用以描述中国服务业的发展，是重点关注的核心解释变量，该变量没有下标 i，表示对所有细分行业产生整体影响。$human_{it}$、$export_{it}$、FDI_{it} 和 $company_{it}$ 是本书的控制变量，分别表示第 i 个行业在时间 t 的人力资本、出口渗透率、外商直接投资利用金额和行业竞争程度。

各个变量的定义、测度和数据来源以及样本区间的选定都和前面的相一致，在此不再做详细的论述。

二　模型估计结果及讨论

（一）总样本单位根及协整检验

为了避免伪回归现象的发生，在对回归方程进行估计之前，我们首先对回归方程中各变量之间的单位根过程及其协整关系进行检验，以验证各变量之间是否存在长期稳定的关系。为了保证单位根检验的可靠性、稳定性和可信性，我们分别采取了 LLC 检验、IPS 检验、Fisher-ADF 检验和 Fisher-PP 检验，这四种检验的结果（见表 5-9）表明，各变量经过一阶差分后均为稳定序列，满足进一步进行协整检验的要求。

为了验证各变量之间是否存在稳定的长期关系，我们采用 Pedroni 协整检验方法，检验结果（见表 5-10）显示，各个变量之间存在长期稳定的关系。

表 5 - 9   面板单位根检验结果

变量	LLC 检验	IPS 检验	Fisher-ADF 检验	Fisher-PP 检验	结论
ln*pro*	- 3.3139 (0.0005)	1.0875 (0.8616)	42.6048 (0.9064)	58.0421 (0.3999)	I (1)
Δln*pro*	- 11.5269 (0.0000)	- 2.9426 (0.0016)	118.701 (0.0000)	176.236 (0.0000)	I (0)
SD	- 8.6762 (0.0000)	- 1.9507 (0.0255)	91.2436 (0.0020)	99.0868 (0.0003)	I (0)
human	- 7.3328 (0.0000)	- 1.4847 (0.0688)	73.4718 (0.0586)	70.1153 (0.0972)	I (1)
Δ*human*	- 10.8499 (0.0000)	- 2.0842 (0.0000)	102.700 (0.0001)	166.858 (0.0000)	I (0)
export	- 7.1708 (0.0000)	0.5775 (0.7182)	46.7451 (0.8052)	67.0711 (0.1477)	I (1)
Δ*export*	- 10.6619 (0.0000)	- 1.6078 (0.0439)	93.2779 (0.0013)	124.978 (0.0000)	I (0)
FDI	2.2383 (0.9874)	6.0795 (1.0000)	15.7929 (1.0000)	17.2430 (1.0000)	I (1)
Δ*FDI*	- 14.4094 (0.0000)	- 3.1175 (0.0000)	127.745 (0.0000)	219.275 (0.0000)	I (0)
company	- 3.3132 (0.0000)	- 1.6293 (0.0516)	62.4305 (0.2584)	52.3067 (0.6155)	I (1)
Δ*company*	- 9.4882 (0.0000)	144.472 (0.0000)	137.318 (0.0000)	79.3843 (0.0215)	I (0)

注：括号内的数据为统计检验的收尾概率，即 P 值；单位根检验的方程中只包括截距项；SD 变量的原始数据为平稳序列，因此，表中未对其进行差分。

表 5 - 10   总样本 Pedroni 协整检验

变量系统	Panel v 统计量	Panel rho 统计量	Panel PP 统计量	Panel ADF 统计量
ln*pro*、*SD*	2.5379 (0.0008)	- 1.8028 (0.0201)	- 3.2199 (0.0006)	- 1.5698 (0.0582)
ln*pro*、*SD*、*human*	3.0104 (0.0013)	2.6073 (0.0092)	- 3.5554 (0.0002)	- 1.5256 (0.0653)
ln*pro*、*SD*、*human*、 *export*	1.9711 (0.0323)	2.8090 (0.0009)	- 5.1047 (0.0000)	- 2.1043 (0.0177)
ln*pro*、*SD*、*human*、 *export*、*FDI*	2.3262 (0.0121)	2.9582 (0.0095)	- 8.4899 (0.0000)	- 1.7593 (0.0393)
ln*pro*、*SD*、*human*、 *export*、*FDI*、*company*	- 2.6534 (0.0010)	- 3.0043 (0.0000)	- 6.0653 (0.0000)	- 1.7169 (0.0430)

注：表中各检验的原假设是变量间不存在协整关系，其中括号内的数字是 P 值。

（二）服务业发展对中国制造业效率的影响

和第四章的估计方法一样，为了克服变量之间可能存在的内生性问题，我们采用 Pedroni（2001）提出的完全修正最小二乘法（FMOLS）对样本的面板数据进行回归。另外，为了得到可靠和稳定的回归结果，我们以核心解释变量服务业发展指标为基础，然后依次加入其他控制变量进行回归，回归结果如表 5 - 11 所示。

通过对表 5 - 11 的回归结果进行分析，我们可以得出以下几点结论。从模型（1）的回归结果来看，服务业发展与中国制造业效率的提升呈明显的正相关关系，并且在 1% 的统计水平下显著通过检验。就实证数据来看，服务业发展指标的估计系数为 0.2756，也就是说，服务业增加值占就业人数的比重每提高 1%，中国制造业效率就提升 0.2756%。服务业发展能显著地促进中国制造业效率的提升。从模型（2）到模型（5）依次加入其他控制变量后，服务业发展指标的估计系数的大小发生了变化，但其与中国制造业效率之间的正相关关系没有发生变化，且都在 1% 的水平下显著通过检验，这一结果支持了我们前面的理论推导：作为高级生产要素的服务业投入是制造业效率提升的关键因素。

就本书的控制变量而言，从模型（2）到模型（5）的回归结果来看（见表 5 - 11），人力资本的估计系数显著为正，且在 1% 的统计水平下显著通过检验，这意味着人力资本也是促进中国制造业效率提升的重要因素之一。这一研究结果与我们的预期相一致，也与现代服务业的发展趋势相一致：现代服务业的发展更加依赖于人力资本，尤其是那些知识、技术密集型的高级生产者服务业和高层次的服务业。从模型（3）到模型（5）的回归结果来看，出口渗透率的估计系数为正，且在 1% 的水平下显著通过检验，这说明随着中国出口的增加，中国制造业效率得到了提升。2013 年中国成为世界上最大的货物贸易出口国，伴随着中国制造业大国地位的形成和巩固，中国可以通过贸易扩张的"干中学"效应提高制造业效率，进而向制造业强国迈进。从模型（4）到模型

（5）的回归结果来看，外商直接投资的估计系数为正，且在1%的水平下显著通过检验，这说明中国改革开放以来的吸引外商直接投资政策对中国制造业效率的提升产生了正向的促进作用，吸引外商直接投资对于发展中国家尤其是资金和技术短缺的后发型经济体来说，是在短期内实现制造业效率提升和经济增长的重要政策措施，中国三十多年来的快速经济增长是和吸引外商直接投资政策的实施分不开的。从模型（5）的回归结果来看，企业的竞争程度指标显著为正，这说明随着中国经济市场化进程的加快推进，企业之间和行业之间竞争程度的加剧，迫使制造业企业采用新方法、新思路和新技术来降低成本、提高效率。企业竞争程度也是影响制造业效率提升的一个关键因素。

表 5 – 11　全样本 FMOLS 回归结果

解释变量	（1）	（2）	（3）	（4）	（5）
SD	0.2756 *** (93.7003)	0.2738 *** (97.8337)	0.2592 *** (104.3031)	0.2580 *** (114.0117)	0.2476 *** (98.0380)
human		0.0057 *** (4.0833)	0.1070 *** (4.5789)	0.0898 *** (5.2875)	0.1881 *** (4.3578)
export			0.0861 *** (38.4411)	0.0687 *** (41.2229)	0.1093 *** (36.2464)
FDI				0.0894 *** (40.6191)	0.0747 *** (32.9750)
company					0.0131 *** (84.3793)

注：括号内为回归系数的 t 统计量；＊、＊＊、＊＊＊分别表示在 10%、5% 和 1% 的水平下显著。

（三）服务业分部门的发展对中国制造业效率的影响

上述回归结果表明，服务业的发展能从总体上促进中国制造业效率的提升，但服务业内部各部门又存在巨大的差异，进而对制造业效率的影响也不尽相同。一般情况下，知识和技术含量高的服务业发展对制造业效率提升的促进作用更为明显，这是因为这类服务业和服务部门的技术溢出性更强，和产业的融合性更高。但在实际情况中，这种技术溢出性的强弱和融合性的高低与各个国家的资源禀赋状况、人力资本的累积程度和制度环境的好坏有着密切的关系。不同的国家之间，甚至同一个国家在不同的经济发展阶段，都会使服务业内部各个部门对制造业产生不同的影响，特别是在发展中国家和转型国家中，由于经济制度环境的特性和复杂性，这种差异性可能会更加突出。

因此，接下来我们从分部门角度入手来更深入细致地分析服务业的发展对制造业效率的影响。首先本书要确定用于计量模型回归的中国服务业所包含的行业部门。按照李善同等（2008）的分类方法，中国服务业可以分为生产者服务业、消费者服务业和社会公共服务业。其中，生产者服务业作为中间投入的服务与制造业的联系最为紧密，因此，在这里我们主要考虑生产者服务业的发展对中国制造业效率的影响。这些生产者服务业包括交通运输、仓储和邮政业，信息传输、计算机服务和软件业，批发和零售业，金融业，租赁和商务服务业，科学研究、技术服务和地质勘查业。[①] 我们设定如下回归方程：

$$\ln pro_{it} = c_{it} + \beta_1 A_t + \beta_2 human_{it} + \beta_3 export_{it} + \beta_4 FDI_{it} + \beta_5 company \qquad (5-4)$$

其中，A 是核心解释变量信息集，包括 SD_1 批发和零售业，SD_2 交通运输、仓储和邮政业，SD_3 金融业，SD_4 租赁和商务服务业，SD_5 信息传输、计算机服务和软件业，SD_6 科学研究、技术服务和地质勘查业。控制变量同回归方程（5-1）。

我们首先在回归方程（5-4）中同时加入本书的控制变量，然后通过依次加入核心解释变量的方法，分别研究生产者服务业的发展对中国制造业效率的影响。从表5-12的回归结果来看，我们可以得出如下结论。第一，就影响的显著性而言，模型（1）至模型（6）的结果表明，此处的6类生产者服务业中，6个核心解释变量的估计系数都为正，且都在1%的水平下显著通过检验，也就是说，本书所选定的这6

---

① 详细的分类标准和说明详见第七章。

个核心解释变量都是影响中国制造业效率的重要因素。第二，就影响的程度而言，从这 6 个核心解释变量估计系数的大小来看，这 6 类生产者服务业分类中，影响最大的是科学研究、技术服务和地质勘查业，其次是信息传输、计算机服务和软件业，租赁和商务服务业，金融业，交通运输、仓储和邮政业，最后是批发和零售业。从中我们可以发现，具有不同特征的生产者服务业分部门中，由于其内含的知识、信息和技术存在差异，其对制造业效率的影响也不同，基本上遵循技术含量越高的行业，其对制造业效率的影响也越大，究其原因，制造业效率的提升更多的是依赖于高技术含量和高质量的生产者服务业的投入。第三，就控制变量而言，从模型（1）到模型（6）的结果来看，无论是从显著性上还是从估计系数的大小上来看，大都和表 5 - 11 差别不大，均没有发生实质性的改变。

表 5 - 12　服务业分部门 FMOLS 回归结果

解释变量	（1）	（2）	（3）	（4）	（5）	（6）
SD_1	1.0147 *** (63.5962)					
SD_2		1.4956 *** (58.0408)				
SD_3			2.1986 *** (55.9293)			
SD_4				4.1706 *** (31.7748)		
SD_5					6.1670 *** (28.1960)	
SD_6						6.2735 *** (25.5167)
human	0.6609 *** (14.2387)	0.7249 *** (20.1050)	1.7516 *** (25.0904)	0.6722 *** (22.4135)	2.1524 *** (23.2465)	1.0565 *** (19.4106)
export	0.0471 *** (69.6267)	0.3600 *** (94.1143)	0.2950 *** (86.3664)	0.0966 *** (80.2149)	0.1869 *** (75.0432)	0.0862 *** (76.0700)

续表

解释变量	（1）	（2）	（3）	（4）	（5）	（6）
FDI	0.1110 ***	0.1391 ***	0.1615 ***	0.1665 ***	0.4606 ***	0.1870 ***
	（68.5008）	（94.0623）	（87.3100）	（78.1120）	（68.6708）	（72.7542）
company	0.0238 ***	0.0438 ***	0.0423 ***	0.0662 ***	0.0194 ***	0.0303 ***
	（200.1101）	（271.5230）	（257.9006）	（232.6479）	（212.8749）	（208.2211）

注：自 2004 年开始统计数据的行业分类按新国民经济行业分类（GB/T 4754—2002）进行划分，因此，为了保证样本期内观测数据的连贯性和完整性，本回归的样本区间为 2004~2011 年的统计数据。其他解释同表 5-11。

（四）服务业的发展对中国制造业分部门效率的影响

根据制造业部门之间要素密集度的不同把 28 个细分行业分为以下三个部分：劳动密集型、资本密集型和技术密集型。对回归方程（5-3）进行重新回归，回归结果如表 5-13、表 5-14 和表 5-15 所示。

从表 5-13、表 5-14 和表 5-15 的回归结果，可以得出如下结论。

第一，无论是劳动密集型、资本密集型还是技术密集型行业，在依次加入控制变量之后，核心解释变量服务业发展指标对中国制造业效率提升的显著正向促进作用并没有发生改变。这说明了服务业发展对中国制造业效率提升的促进作用具有相当的可靠性和稳健性。

第二，服务业发展对劳动密集型行业、资本密集型行业和技术密集型行业效率的影响存在显著的差异。从回归结果来看，对技术密集型行业的促进作用最大，其次是资本密集型行业，最后是劳动密集型行业。究其原因，制造业内部不同部门之间要素密集度的不同决定了其生产过程中对投入品的需求不同，产品的资本和技术含量越高，产品的竞争力就越强，制造业效率就越高，相应地就越需要资本和技术含量高的投入品，而服务作为高级生产要素投入，其技术含量越高，就越能促进产品的竞争力和行业的效率。

第三，就控制变量而言，人力资本对劳动密集型行业、资本密集型行业和技术密集型行业的效率提升都有显著的促进作用，但作用的大小则存在明显的差异。具体而言，人力资本对劳动密集型行业的促进作用最大，其次是资本密集型行业，最后是技术密集型行业。这和第四章的分析结果一样，说明了当下中国人力资本的整体质量还不高，还处于低水平发展阶段，不能满足和适应高技术含量制造业的发展，而人力资本质量的高低是产业竞争力和产业结构优化升级的重要决定因素，没有高端的人力资本，实现制造业效率的提升就只是一句空话。出口渗透率对劳动密集型行业、资本密集型行业和技术密集型行业效率的提升也都具有显著的促进作用，但对劳动密集型行业的促进作用最大，其次是资本密集型行业，最后是技术密集型行业。这也进一步印证了中国制造业产业升级的重要性和紧迫性。虽然中国是制造业大国，但不是制造业强国，我们的制造业产品主要依赖于低廉的劳动力投入、扭曲的财政支持和补贴、不计后果的资源环境消耗来获得竞争优势。但由于传统、观念、体制和机制的制约，创新体系和创新的动力尚未建立和启动，所以，中国的自主知识产权和自主品牌很少，中国的产品一直处于全球价值链的低端，只能从事低附加值和低盈利率产品的生产。在就外商直接投资利用额而言，外商直接投资利用额对劳动密集型行业、资本密集型行业和技术密集型行业都产生了显著的促进作用，就其影响大小而言，对技术密集型行业的影响最大，其次是资本密集型行业，最后是劳动密集型行业。这说明了中国吸引外商直接投资的政策对中国制造业效率尤其是高技术含量的制造业效率有明显的促进作用。根据《世界投资报告2014》的统计，2013 年，中国吸引外商直接投资的规模为 1239 亿美元，位居世界第二，与排名第一位的美国之间的差距进一步缩小，且吸引外商直接投资的质量进一步提高，高端制造业和高附加值的服务业（如研发等）吸引外商直接投资的比重持续上升。行业的竞争程度对各分组制造业企业产生了显著的促进作用，竞争程度越激烈、市场经济体制越是健全，对制造业效率提升的促进作用就越明显。就其影响程度而言，对资本密集型行业的影响最大，其次是技术密集型行业，最后是劳动密集型行业。

　　总体来看，服务业尤其是高技术含量、高质量的生产者服务业是制造业效率提高的关键投入要素，是制造业产业结构优化升级和经济增长方式转型的重要决定因素。而实证检验表明，服务业的发展对中国制造业效率提升具有明显的促进作用，并且技术含量越高的服务业其对中国制造业效率提升的作用越是明显。对于具有不同密集度特征的分行业层面数据来看，服务业发展对技术密集型行业的影响最大，其次是资本密集型行业，最后是劳动密集型行业。

表 5 - 13　劳动密集型行业的 FMOLS 回归结果

解释变量	(1)	(2)	(3)	(4)	(5)
SD	0.2722 *** (100.7627)	0.2696 *** (104.5144)	0.2533 *** (113.1030)	0.2505 *** (117.4608)	0.2248 *** (97.5168)
human		0.1462 *** (5.1862)	0.2477 *** (6.2126)	0.2312 *** (6.6207)	0.3143 *** (5.0158)
export			0.1276 *** (44.9471)	0.1511 *** (47.6326)	0.1958 *** (41.3100)
FDI				0.0411 *** (40.6046)	0.0383 *** (32.6232)
company					0.0083 *** (85.3174)

表 5 - 14　资本密集型行业的 FMOLS 回归结果

解释变量	(1)	(2)	(3)	(4)	(5)
SD	0.2781 *** (83.3920)	0.2710 *** (88.7010)	0.2569 *** (96.3294)	0.2593 *** (106.7851)	0.2617 *** (92.3837)
human		0.0610 *** (2.3592)	0.0428 *** (2.8604)	0.1505 *** (2.9744)	0.1548 *** (2.5125)
export			0.0433 *** (27.2265)	0.0052 *** (47.3977)	0.0518 *** (24.1194)
FDI				0.0647 *** (30.9440)	0.0880 *** (22.8738)
company					0.0390 *** (80.7710)

表 5 – 15　技术密集型行业的 FMOLS 回归结果

解释变量	（1）	（2）	（3）	（4）	（5）
SD	0.2802 *** （91.3323）	0.2834 *** （100.8567）	0.2613 *** （117.8567）	0.2684 *** （130.6801）	0.2648 *** （134.4228）
human		0.0187 *** （7.2661）	0.0491 *** （9.2397）	0.1133 *** （10.1571）	0.0776 *** （9.8807）
export			0.0570 *** （46.7332）	0.0518 *** （47.3977）	0.0337 *** （50.0053）
FDI				0.0792 *** （57.8094）	0.0897 *** （57.3626）
company					0.0261 *** （105.2624）

第四节　结论

本章首先实证检验了服务贸易进口的技术含量与中国服务业发展之间的关系，紧接着又验证了中国服务业的发展又会对中国制造业效率提升产生什么样的影响。从以上两个层面的实证结果来看，高技术含量的服务贸易进口有助于促进中国服务业的发展，而中国服务业的发展又反过来促进了中国制造业效率的提升。因此，本章以中国的数据为依据，实证验证了服务贸易进口的技术含量促进进口国制造业效率提升的间接作用。

在既有的研究文献中，对于服务贸易进口的技术含量促进制造业效率提升的传导途径的实证研究主要集中在直接效应方面，把服务贸易进口的技术含量直接作为下游制造业企业生产的中间投入品，而忽略了间接效应的作用，即没有考虑服务贸易进口的技术含量对本国服务业产生的影响以及这种影响又如何促进了制造业效率的提升。故本书的研究为认识服务贸易进口的技术含量促进制造业效率提升的间接效应提供了一个新的视角，这有助于加深我们对于服务贸易进口的技术含量促进制造业效率提升传导途径的理解，同时也有助于唤起研究者对于间接效应的重视。

第六章 服务贸易进口的技术含量对中国制造业效率的总体影响分析

第一节 引言

从第二章的理论分析框架中可以看出，服务贸易进口的技术含量可以通过生产效应、前向联系效应、后向联系效应、技术溢出效应、升级出口产品的结构效应和要素重组效应等直接效应渠道促进进口国制造业效率的提升；也可以通过降低服务产品价格、提高服务质量、增加服务种类、产生示范效应、产生知识溢出效应、人员流动、产业集聚效应、诱发新产业效应和国内相关政策环境等间接渠道促进进口国服务业的发展，而进口国服务业的发展反过来又会促进本国制造业效率的提升，也就是说，也可以通过间接效应渠道促进进口国制造业效率的提升。第四章和第五章以中国为例实证检验了服务贸易进口的技术含量促进进口国制造业效率提升的直接效应渠道和间接效应渠道，对现有的研究文献进行了有益的探索和补充。那么，当同时考虑直接效应和间接效应时，也就是说，把直接效应和间接效应纳入同一个分析系统时，服务贸易进口的技术含量又会对进口国产生怎样的影响？直接效应和间接效应之间的关系如何？发展方向和运动轨迹是否一致？这是我们接下来要重点研究的问题。

第二节　实证分析框架

一　研究方法

考虑到制造业的劳动生产率可能与解释变量和控制变量存在双向因果关系，对此必须处理联立内生性问题。一般情况下，对于面板数据可以采用固定效应或差分变换的方法来有效地消除随时间变化的行业非观测效应，以缩小估计的误差，避免内生性问题的产生。但是，虽然固定效应估计量可以减轻一部分省略变量的误差，但仍然不能排除某些随时间变化的未观测因素可能同时造成的内生性问题，估计结果可能是非一致性的。Arellano 和 Bond（1991）提出的一阶差分广义矩估计方法，可以有效控制某些解释变量的内生性问题，即"Arellano-Bond 估计量"，也被称为"差分 GMM"（Difference GMM）（因为是对差分后的方程进行 GMM 估计）。"差分 GMM"的基本思路是求差分，然后用一组滞后的解释变量作为差分方程中相应变量的工具变量，避免因变量和自变量之间产生的反向因果关系。在选择解释变量时，我们充分考虑了影响制造业效率提升的相关因素的复杂性，故模型设定如下：

$$pro_{it} = \alpha_0 + pro_{i,t-1} + \beta A_{it} + \lambda_i + U_{it} \tag{6-1}$$

其中，i、t 分别表示行业和时间，pro_{it} 和 $pro_{i,t-1}$ 分别表示行业 i 在时间 t 和 $t-1$ 的全员劳动生产率。A_{it} 为自变量的信息集，λ_i、U_{it} 分别表示行业效应和残差项。为了消除行业固定效应 λ_i 的影响，对模型（6-1）进行差分后得到：

$$\Delta pro_{it} = \Delta pro_{i,t-1} + \Delta A_{it} + \Delta U_{it} \tag{6-2}$$

在公式（6-2）中，被解释变量的滞后一阶差分 Δpro_{it} 与差分误差

项 ΔU_{it} 存在较强的相关性，可能会导致模型内生性问题的发生。动态面板采用工具变量法来解决这个问题，通常的做法是以被解释变量的滞后项为工具变量（Arellano and Bond，1991），结合本书的实际情况，我们以 $\Delta pro_{i,t-k}$ 为工具变量，并且可以通过矩约束条件来获得有效的参数估计：

$$E(pro_{i,t-k}, \Delta U_{it}) = 0，其中，k \geqslant 2 \qquad (6-3)$$

当解释变量严格外生时，应该满足矩条件：$E（pro_{i,t-k}，\Delta U_{it}）= 0$，此时，$k$ 为任意值；当解释变量为弱外生变量或内生变量时，应该满足矩条件：$E（pro_{i,t-k}，\Delta U_{it}）= 0$，此时，$k \geqslant 2$。

由于差分 GMM 的滞后项工具变量与差分项内生变量之间的相关性较小，容易产生弱外生工具变量的问题，并且差分后还过滤掉了非时变参数的影响（Blundell and Bond，1998；Bond et al.，2001）。为了解决这一问题，Arellano 和 Bover（1995）、Blundell 和 Bond（1998）提出了另一种 GMM 估计，即 SYS-GMM（System GMM）估计。其基本思想是将水平公式（6-1）作为补充纳入估计方程中去，最终采用水平方程和差分方程进行估计。这样，水平方程因变量滞后项 Δpro_{it} 采用其差分滞后项 $\Delta pro_{i,t-1}$ 作为工具变量。对于 SYS-GMM 估计而言，结合了差分方程和水平方程，还增加了一组滞后的差分变量作为水平方程相应的工具变量，相对来说具有更好的有限样本性质，更能有效地控制变量之间的内生性问题。

根据对权重矩阵的不同选择，在有限样本条件下，系统 GMM 估计可以分为一步法（One-step）和两步法（Two-step）估计。Bond 等（2001）认为，在有限样本条件下，两步 GMM 的标准协方差矩阵能更好地处理自相关和异方差问题，因此，在一般情况下，两步法估计优于一步法估计。所以，本书在回归中使用两步法 SYS-GMM 估计。为了更好地捕捉劳动生产率的动态变化过程，本书在模型中加入了动态变量，基本模型见公式（6-4）：

$$\ln pro_{it} = c_{it} + \rho \ln pro_{i,t-1} + \beta_1 \ln ST_t + \beta_2 \ln ST_t \times \ln SD_t + \beta_3 Z_{it} + \varepsilon_{it} \qquad (6-4)$$

其中，下标 i、t 分别表示制造业行业和时间，ε_{it} 为随机干扰项，pro_{it} 为第 i 个行业在时间 t 的全员劳动生产率，是本书的被解释变量。ST_t 表示第 t 年的服务贸易进口的技术含量，是促进中国制造业效率提升的直接效应变量，SD_t 表示第 t 年的服务业增加值，$\ln ST_t \times \ln SD_t$ 表示服务贸易进口的技术含量对制造业产生的间接效应变量，ST_t 和 $\ln ST_t \times \ln SD_t$ 是本章重点关注的核心解释变量，该变量没有下标 i，表示对所有细分行业都产生整体影响。Z_{it} 是控制变量信息集，包括 $human_{it}$、FDI_{it}、$export_{it}$ 和 $company_{it}$，这四个变量是本书的控制变量，分别表示第 i 个行业在时间 t 的人力资本、外商直接投资利用额、出口渗透率和行业竞争程度。各个变量的说明和定义与第四章中的相同，在此不再进行赘述。

二 使用数据

为了便于比较服务贸易进口的技术含量促进制造业效率提升的直接效应和间接效应的大小，同时也为了比较准确地计算总效应，本章中所涉及的样本区间和容量的大小都和第四章的相同，制造业细分行业的分类标准也和前文保持了一致，服务贸易进口的技术含量的计算方法和数据来源也没有发生变化。表 6-1 给出了变量的描述性统计。表 6-2 提供了各个解释变量的相关系数矩阵并计算了相应的方差膨胀因子（Variance Inflation Factor，VIF）。从中我们可以发现，除了服务贸易进口的技术含量与服务贸易进口的技术含量和全员劳动生产率的交叉项存在严重的多重共线性之外（因为交叉项是由原始的变量乘以另一个变量组合而成，必然存在强的相关性），其他解释变量之间的相关性都比较弱，最大的为 0.6415，低于 0.7 的临界值。但不能以相关系数比较高就断言回归结果较差。为严谨起见，进一步考察了方差膨胀因子 VIF。发现 VIF 的值都在 1 和 8 之间，且整体均值为 4.08，远低于 10 的临界值，所以，ST_t 和 $\ln ST_t \times \ln SD_t$ 之间的多重共线性并不影响我们的回归结果。

表 6 – 1　变量描述性统计

变量	观测值	均值	标准差	最小值	最大值
lnpro	308	11.5543	0.7807	10.1992	14.6526
lnST	308	9.2979	0.2861	8.6172	9.5582
lnST × lnSD	308	106.4065	7.4925	92.2049	116.6693
$human$	308	0.0170	0.0125	0.0012	0.0552
FDI	308	0.1683	0.1021	0	0.4959
$export$	308	0.1908	0.1733	0.0046	0.6826
ln$company$	308	3.6855	0.4644	1.9680	4.4114

表 6 – 2　各变量相关系数矩阵

	lnST	lnST × lnSD	$human$	FDI	$export$	ln$company$
lnST	1.0000					
lnST × lnSD	0.9279	1.0000				
$human$	0.1819	0.2486	1.0000			
FDI	0.0663	0.0157	0.2321	1.0000		
$export$	– 0.0689	– 0.1234	– 0.0891	0.6415	1.0000	
ln$company$	0.1608	0.1532	– 0.1069	0.1231	– 0.0906	1.0000
VIF	7.84	7.57	3.29	3.06	1.49	1.23

第三节　实证结果及分析

一　服务贸易进口的技术含量对中国制造业效率影响的总效应

为了便于比较，我们分别采用了混合 OLS、固定效应、随机效应和广义矩估计（GMM）的方法，回归结果如表 6 – 3 所示。从中我们可以发现，四种回归结果都显示，核心解释变量服务贸易进口的技术含量的直接效应和间接效应都显著为正，且大都在 1% 的统计水平下显著通过检验。这说明服务贸易进口的技术含量对中国制造业效率提升的直接促进效应和间接促进效应具有相当的稳健性。就控制变量而言，人力资本在四种回归结果中都显著为正，这表明人力资本也是促进中国制造业效率提高的一个重要因素。外商直接投资在混合 OLS、固定效应和随机效应中不显著，而在广义矩估计（GMM）中显著为正，这说明在克服了变量之间的内生性问题之后，外商直接投资对中国制造业效率的提升产生了积极的影响，对外开放、吸引外商直接投资的国家发展战略在中国经济发展中发挥着重要的作用。行业出口渗透率的估计系数为负，且大都在 1% 的水平下显著通过检验，这意味着出口贸易的扩张对中国制造业效率的提升产生了不利的影响，这一研究结果与新贸易理论相悖。Melitz（2003）的理论分析表明，企业生产率越高越有可能出口。但与中国企业出口的"生产率悖论"相一致。张杰等（2009）、李春顶和赵美英（2010）的研究都指出，中国制造业企业的出口活动对其劳动生产率产生了抑制和负面的影响。行业竞争程度也显著为正，这进一步说明了充分竞争的市场环境是促进制造业效率提升的一个不可或缺的基础。

在 GMM 估计中，Sargan 检验的 P 值为 0.9984，无法拒绝"所有工具变量均有效"的原假设，故所选用的工具变量与残差项不相关，是合适的。在确保回归结果一致性的检验中，AR（1）的 P 值为 0.0003，表示拒绝"扰动项差分的一阶自相关系数为 0"的原假设，AR（2）的 P 值为 0.5273，表明接受"扰动项差分的二阶自相关系数为 0"的原假设，这说明扰动项的差分存在一阶自相关，但不存在二阶自相关，故满足扰动项无自相关的条件，我们的 GMM 回归结果是有效的（杨校美和张诚，2014b）。在 GMM 的回归结果中，我们可以发现，服务贸易进口的技术含量对制造业影响的直接效应为 0.0865，间接效应为 0.0180，间接效应小于直接效应，原因可能有以下两个。一是，现阶段中国服务业发展的相对滞后性，还不能为中国制造业效率的提升提供强有力的支持。二是，服务贸易进口的技术含量对本国服务业发展的促进作用存在时滞，也就是说，进口国对进口商品的引进、消化、吸收和创新需要一个过程，不可能一蹴而就，尤其是服务产品具有强烈的差异性，且是知识和技术密集型产品，这就更需要进口国有相关的配套措施（包括市场环境的适应程度、体制和机制的健全性、人力资本的累积情况等）加以保护和促进。就总体效应而言，在服务业发展的样本均值（均值为 11.4317）处，服务贸易进口的技术含量对制造业影响的总效应为 $0.0865 + 0.0180 \times 11.4317 = 0.2923$。也就是说，服务贸易进口的技术含量每提高 1%，中国制造业效率将提高 0.2923%。

表 6 – 3　全样本回归结果

	Pooled OLS	FE	RE	GMM
$\ln pro_{t-1}$				0.6200 ***
				(38.40)
$\ln ST$	0.2506 **	0.4091 ***	0.2272 **	0.0865 ***
	(2.28)	(4.38)	(2.24)	(3.09)
$\ln ST \times \ln SD$	0.0471 ***	0.0672 ***	0.0600 ***	0.0180 ***
	(6.17)	(16.91)	(14.07)	(9.18)
human	9.2295 ***	5.7925 ***	8.8606 ***	0.7668 **
	(4.65)	(2.95)	(4.30)	(2.16)
FDI	− 0.0352	− 0.3355	− 0.3924	1.2314 ***
	(− 0.10)	(− 0.99)	(− 1.11)	(8.64)
export	− 2.1540 ***	− 0.1591	− 0.5933 ***	− 1.1266 ***
	(10.66)	(− 0.78)	(2.79)	(6.92)
ln*company*	0.8263 ***	0.2849 ***	0.0962	0.3448 ***
	(16.79)	(4.68)	(1.56)	(19.98)
C	7.5305 ***	7.1489 ***	6.9548 ***	3.0149 ***
	(6.72)	(14.75)	(12.87)	(17.98)
R2_ within		0.9225	0.9177	
R2_ between		0.0437	0.2263	
R2_ overall		0.2419	0.4394	
Hausman		0.0000		
AR （1）				0.0003
AR （2）				0.5273
Sargan				0.9984
Obs	308	308	308	282

注：***、**、* 分别表示 1%、5%、10% 的显著水平，括号内为 t 值。

二　服务贸易进口分部门的技术含量对中国制造业效率影响的总效应

由于服务业特别是生产者服务业具有强烈的差异性和知识、技术密集性，所以，服务贸易进口的不同部门所内含的知识和技术也不相同，进而对中国制造业效率影响的直接效应和间接效应也不尽相同。一方面，随着中国与世界经济联系的日益紧密，特别是伴随着中国服务贸易规模和增长的飞速发展，不同技术含量的服务贸易进口会对中国制造业效率产生怎样的影响？有何异同？原因是什么？这是我们接下来重点考虑的问题。另一方面，随着中国服务贸易逆差的持续进行和发展，不同技术含量的服务贸易进口又会对本国服务业的发展带来什么样的影响？是促进了中国服务业的发展还是阻碍和抑制了中国服务业的发展？而服务业的这种发展态势又会对中国制造业产生怎样的影响？最后，在直接效应分析和间接效应分析的基础之上，不同技术含量的服务贸易进口对中国制造业效率的总效应有何异同？因此，为了更详尽地分析这种差异性，我们接下来考虑服务贸易进口分部门对中国制造业效率的影响，尤其是要重点考察服务贸易进口分部门对中国制造业效率影响的直接效应和间接效应有何异同，并结合直接效应和间接效应对总效应进行分析。

$$\ln pro_{it} = c_{it} + \rho \ln pro_{i,t-1} + \beta_1 A_t + \beta_2 Z_{it} + \varepsilon_{it} \qquad (6-5)$$

其中，A 是核心解释变量信息集，包括 ST_1 运输服务进口和交叉项 $\ln ST_1 \times \ln SD$、ST_2 建筑服务进口和交叉项 $\ln ST_2 \times \ln SD$、ST_3 通信服务进口和交叉项 $\ln ST_3 \times \ln SD$、ST_4 金融服务进口和交叉项 $\ln ST_4 \times \ln SD$、ST_5 保险服务进口和交叉项 $\ln ST_5 \times \ln SD$、ST_6 专利和特许费服务进口和交叉项 $\ln ST_6 \times \ln SD$、ST_7 信息和计算机服务进口和交叉项 $\ln ST_7 \times \ln SD$。Z 是控制变量信息集，包括 $human_{it}$、FDI_{it}、$export_{it}$ 和 $company_{it}$。

我们首先在回归方程（6-5）中同时加入本书的控制变量，然后通过依次加入核心解释变量的方法，分别研究服务贸易进口分部门的技术含量对中国制造业效率产生的直接效应和间接效应影响。

从表6－4的GMM回归结果来看，我们可以得出以下结论。第一，就影响的显著性而言，从模型（1）到模型（7）的结果表明，此处选定的7类服务贸易进口分项中，7个核心解释变量的估计系数都为正，且都至少在10%的水平下显著通过检验。再看选定的7类服务贸易进口分项的间接效应变量的回归结果，7个间接效应变量的估计系数也都为正，且都在1%的水平下显著通过检验。也就是说服务贸易进口的技术含量可以通过直接效应和间接效应两条途径促进中国制造业效率的提升。第二，就影响的程度而言，首先来看服务贸易进口的直接效应，回归结果和第五章的相似，技术含量越高的部门其对中国制造业效率提升的作用越明显，具体原因在此不再赘述，详见第五章的实证分析部分。再来看服务贸易进口的间接效应，从模型（1）至模型（7）的结果来看，基本上保持了技术含量越高的进口部门对中国制造业效率提升的间接促进作用越低的趋势，这刚好和服务贸易进口的直接效应相反，不过这也和中国服务业发展相对滞后的现实情况相吻合。服务业发展的滞后尤其是高端服务业发展的滞后抑制或阻碍了进口、消化、吸收、模仿和创新发达国家先进服务产品的能力，进而也抑制或减缓了国内服务业发展对制造业效率提升的促进作用。第三，就控制变量而言，从模型（1）至模型（7）的结果来看，与表6－3中的结果无论是从显著性上还是从符号上来看，都没有发生实质性的变化。

接下来，我们来分析服务贸易进口分部门的技术含量对中国制造业效率提升作用的总体效应，也就是直接效应和间接效应的加总。从运输服务进口来看，在服务业发展的样本均值处，总的效应为：$0.0287 + 0.0173 \times 11.4317 = 0.2265$。从建筑服务进口来看，在服务业发展的样本均值处，总的效应为：$0.0550 + 0.0149 \times 11.4317 = 0.2253$。从通信服务进口来看，在服务业发展的样本均值处，总的效应为：$0.0960 + 0.0168 \times 11.4317 = 0.2881$。从金融服务进口来看，在服务业发展的样本均值处，总的效应为：$0.2109 + 0.0221 \times 11.4317 = 0.4635$。从保险服务进口来看，在服务业发展的样本均值处，总的效应为：$0.4337 + 0.0098 \times 11.4317 = 0.5457$。从专利和特许费服务进口来看，在服务业发展的样本均值处，总的效应为：$0.4481 + 0.0089 \times 11.4317 = 0.5498$。从信息和计算机服务进口来看，在服务业发展的样本均值处，总的效应为：$0.4642 + 0.0076 \times 11.4317 = 0.5511$。从以上的计算结果来看，从总的效应来说，基本上保持了服务贸易进口的技术含量越高的部门其对中国制造业效率的促进作用越大的趋势。这也进一步说明现阶段中国服务贸易进口的直接效应仍旧占据着主导地位，国内服务业的发展水平有待于进一步的提高。

表 6 – 4　服务贸易进口分部门 GMM 回归结果

	(1)	(2)	(3)	(4)	(5)	(6)	(7)
$\ln pro_{t-1}$	0.6929 *** (45.16)	0.7160 *** (48.76)	0.7314 *** (37.74)	0.5215 *** (20.58)	0.5298 *** (21.40)	0.5890 *** (20.55)	0.5926 *** (41.35)
$\ln ST_1$	0.0287 ** (2.07)						
$\ln ST_1 \times \ln SD$	0.0173 *** (10.29)						
$\ln ST_2$		0.0550 ** (2.13)					
$\ln ST_2 \times \ln SD$		0.0149 *** (7.23)					
$\ln ST_3$			0.0960 * (1.83)				
$\ln ST_3 \times \ln SD$			0.0168 *** (10.49)				
$\ln ST_4$				0.2109 *** (8.72)			
$\ln ST_4 \times \ln SD$				0.0221 *** (12.75)			
$\ln ST_5$					0.4337 *** (6.29)		
$\ln ST_5 \times \ln SD$					0.0098 *** (4.16)		

续表

	(1)	(2)	(3)	(4)	(5)	(6)	(7)
$\ln ST_6$						0.4481 **	
						(2.63)	
$\ln ST_6 \times \ln SD$						0.0089 ***	
						(11.04)	
$\ln ST_7$							0.4642 ***
							(7.66)
$\ln ST_7 \times \ln SD$							0.0076 ***
							(3.07)
human	1.8176 **	2.3892 *	2.4665 **	2.8051 ***	4.1421 ***	1.7327 **	2.7728 **
	(2.33)	(1.68)	(2.39)	(2.92)	(2.73)	(2.01)	(2.39)
FDI	1.3231 ***	1.3189 ***	1.3419 ***	0.7001 ***	0.8560 ***	0.9176 ***	1.1958 ***
	(6.35)	(5.51)	(5.02)	(3.92)	(6.08)	(5.52)	(7.63)
export	−1.0202 ***	−0.9902 ***	−1.0319 ***	−1.1179 ***	−1.1737 ***	−1.0811 ***	−1.1267 ***
	(−7.18)	(−6.91)	(−6.05)	(−7.65)	(−7.41)	(−9.14)	(−7.22)
$\ln company$	0.3133 ***	0.3153 ***	0.3326 ***	0.4220 ***	0.3561 ***	0.3405 ***	0.3160 ***
	(28.43)	(24.74)	(17.17)	(19.94)	(18.91)	(16.93)	(18.45)
C	3.1505 ***	3.0039 ***	3.5249 ***	2.9938 ***	1.0280 ***	2.7545 ***	0.1644
	(15.44)	(12.38)	(12.33)	(12.62)	(3.16)	(11.79)	(0.45)
AR (1)	0.0004	0.0003	0.0003	0.0002	0.0003	0.0003	0.0003
AR (2)	0.2090	0.3603	0.1401	0.2016	0.1870	0.3021	0.1670
Sargan	0.9876	0.9987	0.9988	0.9986	0.9983	0.9986	0.9983
Obs	280	280	280	280	280	280	280

注:同表 6 - 3。

三　服务贸易进口的技术含量对中国制造业分部门效率影响的总效应

我们根据制造业部门之间要素密集度的不同把 28 个行业细分为以下三个部分:劳动密集型行业、资本密集型行业和技术密集型行业。具体的细分标准参见第五章的实证部分,在此不再详述。鉴于本部分数据的特性和样本量,为了便于回归结果的比较,我们分别采用了混合 OLS、随机效应和固定效应回归三种方法,并且根据 F 统计量来判断混合 OLS 和固定效应模型的选择问题，根据 Hausman 检验来判断随机效应和固定效应模型的选择问题。对公式（6－4）进行重新回归，回归结果见表6－5、表6－6和表6－7。根据我们的判断结果，表6－5、表6－6和表6－7的回归都选择固定效应模型。

从表6－5、表6－6和表6－7的回归结果看，我们可以得出以下几点结论。

第一，无论是劳动密集型行业、资本密集型行业，还是技术密集型行业，服务贸易进口的技术含量对中国制造业效率的提升都产生了显著的促进作用，这和我们第五章的分析结果相同。就服务贸易进口的间接效应而言，对劳动密集型行业、资本密集型行业和技术密集型行业也都产生了显著的促进作用。

第二，无论是从直接效应还是从间接效应来看，服务贸易进口的技术含量对劳动密集型行业、资本密集型行业和技术密集型行业效率的影响都存在显著的差异。从回归结果来看，服务贸易进口的直接效应对技术密集型行业的促进作用最大，其次是资本密集型行业，最后是劳动密集型行业，这和我们第五章的分析结果相同。而服务贸易进口的间接效应对资本密集型行业的影响最大，其次是劳动密集型行业，最后是技术密集型行业。也就是说，对中国制造业不同部门的影响程度而言，服务贸易进口的直接效应和间接效应呈现出了非一致性的发展态势。产生这种现象的一个可能的解释是，中国现阶段仍处于重化工业时期，需要大量的固定资产投资，这势必会造成相关服务业向资本密集型行业倾向。另外，以劳动密集型和加工贸易为主的对外贸易方式决定了服务业对劳动密集型行业的影响也比较大。最后，在中国高端服务业发展滞后的情况下，很难对中国技术密集型行业的发展提供必要的和高质量的服务投入，其弱化甚至是阻碍了技术密集型行业服务化程度的提高和效率的提升。这也印证了中国当前仍处于投资和出口驱动的粗放型增长方式时期，服务业的滞后尤其是高端服务业发展的不足已经成为制约中国经济增长方式转型的一个主要因素。

第三，从服务贸易进口的技术含量的总效应来看，在服务业发展的样本均值处，劳动密集型行业的总效应为：$0.2641 + 0.0739 \times 11.4317 = 1.1089$。资本密集型行业的总效应为：$0.3044 + 0.0832 \times 11.4317 = 1.2556$。技术密集型行业的总效应为：$0.5764 + 0.0597 \times 11.4317 = 1.2589$。由此可以知道，就服务贸易进口的总效应而言，技术密集型行业的总效应最大，其次是资本密集型行业，最后是劳动密集型行业。

第四，就控制变量而言，人力资本、外商直接投资和行业的竞争程度大都对劳动密集型行业、资本密集型行业和技术密集型行业产生了显著的促进作用。而出口渗透率对上述三种行业的影响大都不显著，这也进一步印证了中国"出口悖论"的存在。

表 6 – 5　劳动密集型行业的回归结果

	Pooled OLS	RE	FE
$\ln ST$	0.0485 ** (2.10)	0.2088 ** (2.11)	0.2641 *** (2.64)
$\ln ST \times \ln SD$	0.0296 *** (3.26)	0.0610 *** (10.91)	0.0739 *** (14.32)
human	10.2948 *** (3.45)	9.3803 *** (3.41)	4.2840 ** (2.43)
FDI	− 0.5564 (− 0.83)	1.7937 ** (2.48)	2.4447 *** (3.46)
export	0.1654 (0.38)	− 1.3683 ** (− 2.56)	− 3.1378 *** (− 5.04)
ln*company*	0.1316 * (1.83)	0.1614 * (1.74)	0.2081 * (1.77)
C	6.0469 *** (4.79)	7.2649 *** (7.11)	7.3492 *** (8.36)
Adj R^2	0.8575		
R2_ within		0.9389	0.9498
R2_ between		0.0476	0.0002
R2_ overall		0.8266	0.5221
F – test			18.02 (0.0000)

续表

	Pooled OLS	RE	FE
Hausman			20. 44 （0. 0000）
Obs	154	154	154

注：括号内为回归系数的 t 统计量；其中，F 检验中的括号表示伴随概率值，如果 P 值小于5%，认为应该使用固定效应模型，如果 P 值大于5%，则应建立混合效应模型；Hausman 检验中的括号表示为伴随概率值，如果 P 值小于5%，认为应该使用固定效应模型，而非随机效应模型，反之，如果 P 值大于5%，则应建立随机效应模型；∗、∗∗、∗∗∗分别表示10%、5%和1%的显著水平。

表6−6　资本密集型行业的回归结果

	Pooled OLS	RE	FE
lnST	0. 1778 *** （2. 55）	0. 3464 * （1. 75）	0. 3044 *** （2. 76）
lnST × lnSD	0. 0731 *** （5. 55）	0. 0787 *** （9. 15）	0. 0832 *** （10. 43）
human	4. 0969 * （1. 87）	3. 0481 * （1. 77）	4. 5278 ** （2. 21）
FDI	2. 6115 ** （2. 13）	0. 4213 ** （2. 46）	0. 1765 ** （2. 21）
export	0. 6265 （0. 81）	0. 4811 （0. 68）	0. 9516 （1. 39）
ln*company*	0. 6227 *** （5. 19）	0. 1321 * （1. 96）	0. 2178 ** （2. 01）
C	4. 7153 ** （2. 57）	6. 9621 *** （5. 83）	6. 4419 *** （6. 97）
Adj R^2	0. 8291		
R2_ within		0. 9348	0. 9386
R2_ between		0. 7022	0. 6294
R2_ overall		0. 4251	0. 2310
F-test			41. 38 （0. 0000）
Hausman			18. 41 （0. 0025）
Obs	88	88	88

注：同表6−5。

表 6 – 7　技术密集型行业的回归结果

	Pooled OLS	RE	FE
lnST	0. 3268 *** (2. 41)	0. 3244 *** (2. 65)	0. 5764 *** (5. 20)
lnST × lnSD	0. 0427 *** (4. 46)	0. 0512 *** (6. 50)	0. 0597 *** (8. 39)
human	30. 2225 *** (4. 58)	15. 2696 *** (3. 50)	6. 9851 * (1. 80)
FDI	1. 6408 *** (4. 18)	1. 3212 *** (3. 31)	1. 0200 *** (2. 88)
export	– 2. 2485 *** (– 10. 29)	– 0. 4435 * (– 1. 96)	0. 1353 (0. 64)
ln*company*	0. 8352 *** (15. 81)	0. 1296 * (1. 79)	0. 1480 ** (2. 22)
C	8. 8607 *** (6. 69)	8. 6144 *** (13. 62)	8. 9347 *** (16. 38)
Adj R^2	0. 8902		
R2_ within		0. 9451	0. 9503
R2_ between		0. 8297	0. 4720
R2_ overall		0. 6176	0. 3200
F-test			85. 32 (0. 0000)
Hausman			44. 95 (0. 0000)
Obs	66	66	66

注：同表 6 – 5。

第四节　结论

本章以中国 2001 ~ 2012 年 28 个制造业细分行业的面板数据为基础，实证检验了一个现有研究文献中较少关注的问题，将服务贸易进口的技术含量促进制造业效率提升的间接效应引入实证分析框架中，从直接效应、间接效应和总效应三个方面对服务贸易进口的技术含量与制造业效率之间的关系进行了实证分析，确认了服务贸易进口可以通过直接效应和间接效应两条途径促进中国制造业效率的提升，回归模型在控制了其他影响因素之后，这两种传导效应的参数估计量仍然是显著和稳健的。这也进一步从实证检验上印证了我们在第二章中所构建的理论分析框架的合理性和正确性。

就服务贸易进口的技术含量对中国制造业效率影响的直接效应和间接效应的大小和影响程度而言，回归模型的参数估计值显示，2001～2012年中国服务贸易进口的技术含量促进制造业效率提升的直接效应大于间接效应，并且从服务贸易进口分项层面和具有不同要素密集度特征的分行业层面上来看，间接效应和直接效应呈现出完全相反的发展方向。这种现象的发生与当下中国现实的经济发展情况相关，服务业开放程度不高、进入壁垒和垄断盛行、服务业发展滞后、体制和机制不完善等是产生这种现象的根本原因。而对于服务业开放程度较高、体制和机制比较完善的发达国家，这种现象是否还会存在，这也是本书后续研究的一个重点问题。

总之，本章从服务贸易进口的技术含量促进制造业效率提升的间接效应角度，对既有的研究文献进行了有益的补充和扩展，以最大的发展中国家中国为例进行的经验研究也可以为广大的发展中国家和转型经济体研究相关的问题提供必要的理论支撑和政策支持。

第七章 结论及政策建议

如何实现由制造业大国向制造业强国的转变？如何实现由资源投入和出口需求驱动的粗放型增长到技术进步和效率提高驱动的集约型增长的转变？这是当下中国亟待解决的问题之一。而这一转变的一个核心内容是服务业的发展：制造业的服务化和服务业在国民经济中比重的提高。一方面，服务业是中国经济的一个重要增长引擎，服务业不仅是解决就业和民生的重要渠道，而且也是满足人民日益增长的服务需求，改善人民生活、提高人民生活质量的重要手段；另一方面，服务业的发展是优化经济结构、改善中国经济增长质量的重要着力点，而且是促进中国自主创新能力提高、推动产业转型升级和竞争力提高的重要支撑。

但就中国目前服务业的发展情况来看，服务业发展滞后，特别是高端生产者服务业发展严重不足，这在一定程度上阻碍了制造业服务化的程度和制造业效率的提升，致使中国制造业产品在全球价值链上处于低端环节，国际竞争力不高。服务贸易进口作为获得高级要素的重要途径，不仅可以为制造业企业提供必要的中间产品投入，而且可以促进本国服务业的发展，而本国服务业的发展反过来又会促进制造业效率的提升。因此，本书以服务贸易进口为新的研究视角，来探讨作为最大的发展中国家和服务贸易进口快速增长的中国，服务贸易进口的快速增长对本国服务业和制造业效率提升的影响，试图为中国服务经济的发展、制造业效率的提升和经济增长方式的转变提供必要的理论支撑和实证支持。

第一节　结论

本书在相关理论文献和经验研究结果的基础之上，构建了服务贸易进口的技术含量促进进口国制造业效率提升的直接效应理论分析框架和间接效应理论分析框架，利用 2001～2012 年中国制造业 28 个细分行业的面板数据，从服务贸易进口的技术含量角度，实证检验了其对中国制造业效率的影响。经过检验我们有如下发现。第一，从直接效应来看，服务贸易进口的技术含量对中国制造业效率的提升具有显著的促进作用，并且，服务贸易进口的技术含量越高的部门，其对中国制造业效率提升的促进作用也越明显。另外，服务贸易进口的技术含量对技术密集型行业的影响最大，其次是资本密集型行业，最后是劳动密集型行业。第二，从间接效应来看，服务贸易进口的技术含量对中国制造业效率的提升也具有显著的促进作用，但服务贸易进口的技术含量越高的部门，其对中国制造业效率提升的促进作用越弱，并且服务贸易进口的技术含量对资本密集型行业的促进作用最大，其次是劳动密集型行业，最后是技术密集型行业。第三，就影响程度而言，服务贸易进口的技术含量对中国制造业效率提升的直接效应明显大于间接效应，且直接效应和间接效应呈现出非一致性的发展态势。

第二节　政策建议

在现代经济增长中服务业的迅猛发展是降低交易成本和提高经济效益的一个重要源泉。对于制造业来说，要积极推动大量从事简单加工装备的企业努力向"微笑曲线"的两端延伸，尽量拉长价值链，开发研发设计、品牌营销、供应链管理、售后服务乃至金融服务等功能，以便提高产品的附加价值和盈利水平。而这一切又需要大力发展服务业，特别是生产者服务业，但就目前中国服务业的发展情况来看，发展滞后、规模小、质量差是当前中国服务业的基本特征，这严重制约了中国制造业效率的提升乃至经济社会的协调和可持续发展。而大部分中国的生产者服务业又处于严格管制以及垄断的行业，尤其是在资本密集型行业和技术密集型行业的管制和垄断情况更为突出。这在一定程度上阻碍了服务贸易进口的技术含量对制造业效率的提升作用。根据世界银行服务贸易限制数据库（Services Trade Restrictions Database）的统计，中国的服务贸易限制指数为36.6，而欧盟、美国和日本的贸易限制指数分别为26.1、17.7和23.4，并且中国在电信、金融和专业服务上的贸易限制更为突出。中国的电信服务贸易限制指数是50，而欧盟、美国和日本的电信服务贸易限制指数分别为0、0和25。中国的金融服务贸易限制指数为38.8，而欧盟、美国和日本的金融服务贸易限制指数分别为4.2、21.4和1.9。专业服务贸易方面，中国的贸易限制指数是66，欧盟、美国和日本分别为54、54和56。因此，在全球化竞争中，中国制造业要想实现向产业链高端的攀升，就应该采取循序渐进的方法，逐步放开和取消生产者服务的进入壁垒和障碍，对非关系国计民生的重大行业，放宽准入领域、降低准入条件。对于关系国计民生和经济发展命脉的行业，如金融、电信和电力等垄断行业内，应该进行体制和机制创新，适当地引入竞争机制，培养多元化的竞争主体，通过竞争促进生产者服务降低成本，提高质量和改善服务。这对于发挥生产者服务进口的技术含量对制造业效率提升的作用至关重要。

在制造业"服务化"深入发展的今天，特别是在服务业发展呈"碎片化"趋势的新型国际分工体系下，依靠从全球范围内寻求高质量的服务产品来弥补自身服务业发展的不足是后发型经济体实现制造业产业升级和经济快速发展的一个现实和必然的选择。但在进口服务产品时，不应该只注重数量的扩张，更应注重质量的提升。Fernandes 和Paunov（2012）认为，生产者服务的质量是影响一国制造业企业运行和产出增长的一个至关重要的因素，生产者服务质量的提升可以使经济中的所有部门获益。因此，在服务贸易进口内容上，要注重于具有高溢出性、高关联性和高融合性的服务产品的进口，要注重于能够带动中国高端制造业发展的高端服务产品的进口。在服务贸易进口方式上，要注重服务贸易进口的质量与高端生产者服务业 FDI 之间的互动，从而充分利用全球服务贸易快速发展的机遇，提升服务贸易进口的质量，促进中国服务业的健康、快速发展，提升中国制造业企业的生产效率和产品竞争力，改善中国在全球价值链中的不利地位。

　　服务业尤其是生产者服务业大多是知识密集型、技术密集型行业。而人力资本作为知识和技术的主要载体，是生产者服务业健康发展的保证。从价值链分析的角度来看，生产者服务业的价值增加更多地体现在专业服务人员与客户之间不断交流和沟通上。实际上，生产者服务人员的知识储备、专业化水平在这里起了决定性的作用，现代生产者服务业的发展要求社会提供大量懂技术、会经营、善操作的人才。因此，从发达经济体的服务贸易进口能否有效地推动中国制造业效率的提升主要取决于中国的人力资本禀赋状况，充足而又优质的人力资本能更好地与先进的服务贸易进口相融合，促进中国制造业竞争力的提升，而匮乏和低端的人力资本会与先进的服务贸易进口相抵触，对中国制造业效率的提升带来负面影响。为此，加大财政对教育和职业技能培训的支持力度，创新职业培训等继续教育的培养模式，以全球化的视野加快人力资本的积累，形成中国在知识和技术密集型行业的竞争优势。根据世界投入产出数据库（WIOD）社会经济账户的统计，中国在技术密集型服务业中高技能劳动力的支出占比远低于美国和日本等发达经济体。2009 年中国在金融中介、租赁和商务服务业活动中高技能劳动力的支出占比分别为 32.3% 和 33.2%，而同期，美国和日本的这一占比分别为 68.4% 和 67.5%、65.1% 和 50.5%。

　　由于服务具有无形性、不可逆性、不可储存性、异质性、生产与消费同步性等特点，所以，在实际的经济交往活动中，道德风险和逆向选择问题在服务业的交易活动中大量存在。这严重影响了服务交易双方进行交易的积极性，使服务的交易成本大大增加，进一步提高了服务产品的价格和降低了其他行业对服务的需求，对整体经济的运行效率产生了不良的后果。因此，为了促使服务交易的顺利和有序进行，这就需要完善的体制和机制设计来对此进行监管和规避。通过体制和机制的有效运行，来保证服务交易双方都能从交易活动中获利，达到帕累托最优的交易状态，增进社会和每个交易个体的福利水平。为此，要改革和创新现有的制约和限制服务业健康发展的体制和机制，营造有利于降低交易成本和规避交易风险的体制和机制环境，培育适合服务交易能够良好的运行和实现的土壤条件，为服务向其他行业和部门的渗透提供体制和制度保障。

参考文献

［1］〔加〕格鲁伯等：《服务业的增长原因与影响》，上海三联书店，1993。

［2］〔美〕波特：《国家竞争优势》，中信出版社，2012。

［3］〔美〕诺斯：《制度、制度变迁与经济绩效》，上海三联书店，1994。

［4］陈宪、黄建锋：《分工、互动与融合：服务业与制造业关系演进的实证研究》，《中国软科学》2004年第10期。

［5］陈宪、殷凤、程大中主编《中国服务经济发展报告2012》，上海交通大学出版社，2012。

［6］陈宪、殷凤、程大中主编《中国服务经济发展报告2013》，上海交通大学出版社，2013。

［7］程大中：《论服务业在国民经济中的"黏合剂"作用》，《财贸经济》2004年第2期。

［8］戴翔、金碚：《服务贸易进口技术含量与中国工业经济发展方式转变》，《管理世界》2013年第9期。

［9］方希桦、包群、赖明勇：《国际技术溢出：基于进口传导机制的实证研究》，《中国软科学》2004年第7期。

［10］高觉民、李晓慧：《生产性服务业与制造业的互动机理：理论与实证》，《中国工业经济》2011年第6期。

［11］高凌云、王永中：《R&D溢出渠道、异质性反应与生产率》，《世界经济》2008年第2期。

［12］顾乃华：《中国服务业对工业发展外溢效应的理论和实证分析》，

《统计研究》2005 年第 12 期。

[13] 顾乃华、毕斗斗、任旺兵：《中国转型期生产性服务业发展与制造业竞争力关系研究》，《中国工业经济》2006 年第 9 期。

[14] 何洁：《外国直接投资对中国工业部门外溢效应的进一步精确量化》，《世界经济》2000 年第 12 期。

[15] 黄建忠、刘莉：《国际服务贸易教程》，对外经济贸易大学出版社，2008。

[16] 黄先海、石东楠：《对外贸易对中国全要素生产率影响的测度与分析》，《世界经济研究》2005 年第 1 期。

[17] 江静、刘志彪、于明超：《生产者服务业发展与制造业效率提升：基于地区和行业面板数据的经验分析》，《世界经济》2007 年第 8 期。

[18] 江小涓：《加快服务业发展的政策路径》，《经济研究参考》2004 年第 15 期。

[19] 江小涓、李辉：《服务业与中国经济：相关性和加快增长的潜力》，《经济研究》2004 年第 1 期。

[20] 蒋仁爱、冯根福：《贸易、FDI、无形技术外溢与中国技术进步》，《管理世界》2012 年第 9 期。

[21] 孔令强：《金融服务贸易，金融发展与经济增长——基于跨国数据的经验研究》，《服务贸易评论》2009 年第 1 期。

[22] 李春顶、赵美英：《出口贸易是否提高了中国企业的生产率》，《财经研究》2010 年第 4 期。

[23] 李冠霖：《第三产业投入产出分析》，中国物价出版社，2002。

[24] 李美云：《基于价值链重构的制造业和服务业间产业融合研究》，《广东工业大学学报》（社会科学版）2011 年第 5 期。

[25] 李善同、高传胜等：《中国生产者服务业发展与制造业升级》，上海三联书店，2008。

[26] 李文秀、夏杰长：《基于自主创新的制造业与服务业融合：机理与

路径》，《南京大学学报》（哲学·人文科学·社会科学版）2012 年第 2 期。

[27] 李小平、朱钟棣：《国际贸易、R&D 溢出和生产率增长》，《经济研究》2006 年第 2 期。

[28] 厉以宁：《谈当前经济形势的几个前沿问题》，人民网，（2014 - 10 - 28），http：//theory. people. com. cn/n/2014/1028/c40531 - 25920943. html。

[29] 利丰研究中心编《供应链管理：香港利丰集团的实践》，中国人民大学出版社，2003。

[30] 林毅夫：《为什么我们预测准确》，观察者，（2014 - 10 - 10），http：//www. guancha. cn/lin-yi-fu/2014_10_10_274699. shtml。

[31] 罗知：《贸易自由化对就业的影响——来自第三产业和个体私营企业的数据》，《经济评论》2011 年第 5 期。

[32] 蒙英华、尹翔硕：《生产者服务贸易与中国制造业效率提升》，《财贸经济》2010 年第 7 期。

[33] 潘爱民：《中国服务贸易开放与经济增长的长期均衡和短期波动研究》，《国际贸易问题》2006 年第 4 期。

[34] 潘文卿：《外商投资对中国工业部门的外溢效应：基于面板数据的分析》，《世界经济》2003 年第 6 期。

[35] 裴长洪、彭磊：《中国服务业与服务贸易》，社会科学出版社，2008。

[36] 彭国华：《中国地区收入差距、全要素生产率及其收敛分析》，《经济研究》2005 年第 9 期。

[37] 沈家文：《生产性服务业与中国产业结构演变关系的量化研究》，经济管理出版社，2012 年。

[38] 王晓红、王传荣：《产业转型条件的制造业与服务业融合》，《改革》2013 年第 9 期。

[39] 王志鹏、李子奈：《外资对中国工业企业生产效率的影响研究》，《管理世界》2003 年第 4 期。

[40] 王子先：《服务贸易新角色：经济增长、技术进步和产业升级的综合引擎》，《国际贸易》2012 年第 6 期。

[41] 危旭芳、郑志国：《服务贸易对中国 GDP 增长贡献的实证研究》，《财贸经济》2004 年第 4 期。

[42] 吴敬琏：《中国增长模式抉择》（增订版），上海远东出版社，2008。

[43] 席艳乐、李芊蕾：《长三角地区生产性服务业与制造业互动关系的实证研究》，《宏观经济研究》2013 年第 1 期。

[44] 夏杰长、霍景东：《基于高技术制造业的生产性服务业研究：以北京为例》，北京社会科学基金招标课题，2007。

[45] 谢建国、周露昭：《进口贸易、吸收能力与国际 R&D 技术溢出》，《世界经济》2009 年第 9 期。

[46] 熊启泉、张琰光：《中国服务贸易对经济增长的贡献——基于 1982～2006 年数据的实证分析》，《世界经济研究》2008 年第 11 期。

[47] 徐光耀：《进口服务贸易对中国不同服务行业发展的影响力分析》，《财经论丛》2008 年第 6 期。

[48] 杨校美、张诚：《生产者服务品进口的技术含量与中国生产者服务业发展》，《世界经济研究》2014b 年第 11 期。

[49] 杨校美、张诚：《要素禀赋、政策倾斜与中国对外直接投资》，《国际贸易问题》2014a 年第 5 期。

[50] 姚小远：《论制造业服务化——制造业与服务业融合发展的新型模式》，《上海师范大学学报》（哲学社会科学版）2014 年第 6 期。

[51] 殷凤：《中国制造业与服务业双向溢出效应的实证分析》，《上海大学学报》（社会科学版）2011 年第 1 期。

[52] 喻美辞、喻春娇：《中国进口贸易技术溢出效应的实证分析》，《国际贸易问题》2006 年第 3 期。

[53] 曾慧琴：《服务贸易对服务业和经济增长的影响研究》，《开发研究》2009 年第 4 期。

[54] 张诚、张艳蕾、张健敏：《跨国公司的技术溢出效应及其制约因

素》，《南开经济研究》2001 年第 3 期。

[55] 张赤东、郭铁成：《基于全球化视角的对外技术依存度测算方法及预测》，《统计研究》2012 年第 4 期。

[56] 张杰、李勇、刘志彪：《出口促进中国企业生产率提高吗?》，《管理世界》2009 年第 12 期。

[57] 张杰、刘元春、郑文平：《为什么出口会抑制中国企业增加值率》，《管理世界》2013 年第 6 期。

[58] 张圣翠、赵维加：《国际贸易法与中国》，上海三联书店，2000。

[59] 张世贤：《工业投资效率与产业结构变动的实证研究》，《管理世界》2000 年第 5 期。

[60] 植草益：《信息通讯业的产业融合》，《中国工业经济》2001 年第 2 期。

[61] 周申、廖伟兵：《服务贸易对中国就业影响的经验研究》，《财贸经济》2006 年第 11 期。

[62] 周振华：《产业融合：产业发展及经济增长的新动力》，《中国工业经济》2003 年第 4 期。

[63] Akbar, Y. and J. McBride, "Multinational Enterprise Strategy, Foreign Direct Investment and Economic Development: The Case of the Hungarian Banking Industry," *Journal of World Business* 39 (2004).

[64] Amiti, M. and J. Konings, "Trade Liberalization, Intermediate Inputs and Productivity: Evidence from Indonesia," *American Economic Review* 97 (5) (2007).

[65] Amiti, M. and J. Konings, "Trade Liberalization, Intermediate Inputs and Productivity: Evidence from Indonesia," *American Economic Review* 97 (5) (2007).

[66] Arellano, M. and S. Bond, "Some Tests of Specification for Panel Data: Monte Carlo Evidence and an Application to Employment Equations," *Review of Economics Studies* 2 (1991).

[67] Arellano, M. and O. Bover, "Another Look at the Instrumental Varia-
ble Estimation of Error-components Models," *Journal of Econometrics*
68 (1) (1995).

[68] Arnold, J. M. , et al. , "Does Services Liberalization Benefit Manu-
facturing Firms? Evidence from the Czech Republic," *Journal of Inter-
national Economics* 85 (2011).

[69] Arnold, J. M. , et al. , "Services Inputs and Firm Productivity in Sub-
Saharan Africa: Evidence from Firm-Level Data," *Journal of African
Economies* 17 (4) (2008).

[70] Arnold, J. M. , et al. , "Services Reform and Manufacturing Perform-
ance: Evidence from India," *Economic Journal* 126 (2016).

[71] Bacon, R. and W. Eltis, *Britain's Economic Problems: Too Few Pro-
ducers* (London: Macmillan Press, 1978).

[72] Barry, P. , et al. , "Productivity Measurement Issues in Services In-
dustries: Baumol's Disease Has Been Cured," *Economic Policy Review*
9 (2003).

[73] Bathla, S. , "Inter-Sectoral Growth Linkages in India: Implications for
Policy and Liberalized Reforms," *Institute of Economic Growth of Delhi
Discussion Papers* 77 (2003).

[74] Baumol, W. J. , "Macroeconomics of Unbalance Growth: The Anato-
my of Urban Crises," *American Economic Review* 57 (3) (1967).

[75] Beck, T. , et al. , "Finance and the Sources of Growth," *Journal of
Financial Economics* 58 (2000).

[76] Benhabib, J. and M. Spiegel, "The Role of Human Capital in Econom-
ic Development Evidence from Aggregate Cross-country Data," *Journal
of Monetary Economics* 34 (1994).

[77] Blind, K. and J. Andre, "Foreign Direct Investment, Import and Inno-
vations in the Services Industry," *Review of Industry Organization* 25

（2004）.

[78] Blundell ，R. and S. Bond，"Initial Condition and Moment Restrictions in Dynamic Panel Data Models," *Journal of Economics* 87 （1998）.

[79] Bond ，S. ，et al. ，"CMM Estimation of Empirical Growth Models," *Unpublished Working Paper*, University of Oxford, 2001.

[80] Branstetter, L. ， "Are Knowledge Spillovers International or International in Scope? Microeconometric Evidence from the U. S. and Japan?" *Journal of International Economics* 53 （2001）.

[81] Caballero, R. J. and R. K. Lyons, "External Effects in US Procyclical Productivity," *Journal of Monetary Economics* 29 （2）（1992）.

[82] Cardenas, J. ，et al. ，"Foreign Banks Entry in Emerging Market Economies: A Host Country Perspective," *Banco de Mexico Paper*, 2003.

[83] Castellani, D. ，"Export Behavior and Productivity Growth: Evidence from Italian Manufacturing Firms," *Review of World Economics* 4 （2002）.

[84] Charles, A. ，et al. ，"International Capital Markets: Development, Prospects, and Key Policy Issues," *IMF World Economic and Financial Survey* 9 （1999）.

[85] Chinitz, B. ，"Contrast in Agglomeration: New York and Pittsburgh," *American Economic Review* 51 （1961）.

[86] Ciccone, A. and R. Hall, "Productivity and the Density of Economic Activity," *American Economic Review* 1 （1996）.

[87] Claessens, S. ，et al. ，"How Does Foreign Entry Affect Domestic Banking Markets?" *Journal of Banking and Finance* 25 （2001）.

[88] Coe, D. ，et al. ，"International R&D Spillovers and Institutions," *European Economic Review* 7 （2009）.

[89] Coe, D. ，et al. ，"North-South R&D Spillovers," *Economic Journal* 7 （1997）.

[90] Coe, D. and E. Helpman, "International R&D Spillovers," *European Economic Review* 5 (1995).

[91] Cohen, S. and J. Zysman, "Manufacturing Matters: The Myth of the Post-Industrial Economy," *Future* 4 (1988).

[92] Colin, Clark, *The Conditions of Economic Progress* (London: Macmillan Press, 1960).

[93] Conway, Paul, et al., "Regulation, Competition and Productivity Convergences," *OECD Economics Department Working Papers* 59 (2006).

[94] Copeland, Brian and Mattoo Aaditya, *The Basic Economics of Services Trade* (Oxford: University of Oxford Press, 2008).

[95] Deardorff, A., "International Provision on Services, Trade, and Fragmentation," *Review of International Economics* 9 (2001).

[96] Denizer, C., "Foreign Entry in Turkey's Banking Sector, 1980 – 97," *World Bank Policy Research Working Paper* 2462 (1999).

[97] Dixit, A. and J. Stiglitz, "Monopolistic Competition and Optimum Product Diversity," *American Economic Review* 67 (1997).

[98] Duggan, V., et al., "Service Sector Reform and Manufacturing Productivity: Evidence from Indonesia," *World Bank Policy Research Working Paper* 6349 (2013).

[99] ECLAC, *Foreign Investment in Latin America and the Caribbean* (Santiago: United Nations publication, 2000).

[100] Eschenbach, F. and B. Hoekman, "Services Policy Reform and Economic Growth in Transition Economies, 1990 – 2004," *Review of World Economics* 142 (2) (2006).

[101] Eswaran, M. and A. Kotwal, "The Role the Service Sector in the Process of Industrialization," *Journal of Development Economics* 68 (2) (2001).

[102] Ethier, W., "Internationally Decreasing Costs and World Trade,"

Journal of International Economics 9 (1979).

[103] Ethier, W., "National and International Returns to Scale in the Modern Theory of International Trade," *American Economic Review* 72 (1982).

[104] Feketekuty, G., *International Trade in Services: An Overview and Blueprint for Negotiations* (Pensacola: Ballinger Publishing, 1988).

[105] Fernandes, A., "Structure and Performance of the Services Sector in Transition Economies," *World Bank Policy Research Working Paper* 4357 (2007).

[106] Fernandes, A. and P. Caroline, "Foreign Direct Investment in Services and Manufacturing Productivity Growth: Evidence from Chile," *Journal of Development Economics* 97 (2012).

[107] Fernandez, A. and M. Teresa, "Performance of Business Services Multinational in Host Countries: Contrasting Different Patterns of Behaviour between Foreign Affiliates and National Enterprises," *The Service Industries Journal* 21 (1) (2001).

[108] Fink, C., et al., "Assessing the Impact of Communication Costs on International Trade," *Journal of International Economics* 67 (2002).

[109] Francois, J., "Producer Services, Scale and the Division of Labor," *Oxford Economic Papers* 42 (4) (1990).

[110] Francois, J. and J. Woerz, "Producer Services, Manufacturing Linkages, and Trade," *Social Science Electronic Publishing* 8 (3 – 4) (2007).

[111] Fuchs, V. R., *The Service Economy* (New York: Columbia University Press, 1968).

[112] Fujita, M., et al., *The Spatial Economy: Cities, Regions, and International Trade* (Cambridge: MIT Press, 1999).

[113] Gereffi, G., *The Organization of Buyer-Driven Global Commodity*

Chains: *How US Retailers Shape Overseas Production Networks* (Westport, CT: Praeger Press, 1994).

[114] Goodman and Steadman, "Services: Business Demand Rivals Consumer Demand in Driving Growth," *Monthly Labor Review* 4 (2002).

[115] Greenaway, D. et al., "Trade Liberalisation and Growth in Developing Countries," *Journal of Development Economics*, 67 (1) (2002).

[116] Greenfield, H. I., *Manpower and the Growth of Producer Services* (New York: Columbia University Press, 1966).

[117] Griffith, R., et al., "Foreign Ownership and Productivity: New Evidence from Service Sector and the R&D Lab," *Oxford Review of Economic Policy* 20 (3) (2004).

[118] Griliches, Z., "Productivity, R&D, and the Data Constrain," *American Economice Review* 84 (1) (1994).

[119] Griliches, Z., "The Search for R&D Spillovers," *Scandinavian Journal of Economics* 94 (1992).

[120] Guerrieri, P. and V. Meliciani, "International Competitiveness in Producer Services," *Social Science Electronic Publishing* 5 (2004).

[121] Guislain, P. and Z. W. Qiang, "Foreign Direct Investment in Telecommunications in Developing Countries," *Law & Political Science* 1 (2006).

[122] Hausmann, R., et al., "What You Export Matters," *Journal of Economic Growth* 12 (1) (2007).

[123] Higon, D. A., "The Impact of R&D Spillovers on UK Manufacturing TFP: A Dynamic Panel Approach," *Research Policy* 36 (7) (2007).

[124] Hill, T. P., "On Goods and Service," *Review of Income and Wealth*, 23 (4) (1977).

[125] Hoekman, B., "Trade in Services, Trade Agreements and Economic

Development: A Survey of Literature," *CEPR Discussion Paper* 5760 (2006).

[126] Hoekman, B. and C. A. Braga, "Protection and Trade in Services: A Survey," *Open Economies Review* 8 (3) (1997).

[127] Hoekman, B., et al., "Transfer of Technology to Developing Countries: Unilateral and Multilateral Policy Options," *World Development* 33 (10) (2005).

[128] Hummels, D., "Global Income Clustering and Trade in Intermediate Goods," *Graduate School of Business* (10) 1995.

[129] Jacobs, J., *Cities and the Wealth of Nations* (California: The Vintage Press, 1984).

[130] Jacobs, J., *The Economy of Cities* (California: The Vintage Press, 1969).

[131] Jensen, J., et al., "The Impact of Liberalization Barriers to Foreign Direct Investment in Services: The Case of Russian Accession to the World Trade Organization," *Review of Development Economics* 11 (2007).

[132] Joachim, S., *From Agriculture to Services: The Transformation of Industrial Employment* (Beverly Hills: Sage Publications, 1978).

[133] Jones, R. and H. Kierzkowski, "The Role of Services in Production and International Trade: A Theoretical Framework in the Political Economy of International Trade," *Basil Blackwell Inc.* 2 (1990).

[134] Karaomerlioglu, D. and B. Carlsson, "Manufacturing in Decline? A Matter of Definition," *Economy, Innovation, New Technology* 8 (1999).

[135] Karpaty, P. and A. Poldahl, "The Determinants of FDI Flows: Evidence from Swedish Manufacturing and Service Sectorp," *The Swedish Network for European Studies in Economics and Business* 4 (2006).

[136] Kasahara, H. and J. Rodrigue, "Does the Use of Imported Intermedi-

ates Increase Productivity? Plant-level Evidence," *Journal of Development Economics* 87 (1) (2008).

[137] Katouzian, M. A. , "The Development of the Service Sector: A New Approach," *Oxford Economic Paper* 22 (1970).

[138] Keller, W. , "International Technology Diffusion," *Journal of Economic Literature* 42 (2004).

[139] King, R. and R. Levine, "Finance and Growth: Schumpeter Might be Right," *Quarterly Journal of Economics* 10 (8) (1993).

[140] Klodt, H. , "Structural Change Towards Services: The German Experience," *Universtity of Birmingham IGS Discussion Paper* 2000.

[141] Knobel, Alexander, "The Influence of Services Trade Liberaliztion on Services Flows and Industry Productivity in CIS Countries and Russia," *Social Science Electronic Publishing* 4 (2012).

[142] Konan, D. and K. Maskus, "Quantifying the Impact of Services Liberalization in a Developing Country," *Journal of Development Economics* 81 (2006).

[143] Kox, H. and L. Rubalcaba, "Business Services and the Changing Structure of European Economic Growth," *Munich Personal RePEc Archive Paper* 6 (2007).

[144] Krugman, P. , *Geography and Trade* (Cambridge, Massachusetts: MIT Press, 1991).

[145] Le , T. , "Are Student Flows a Significant Channel of R&D Spillovers from the North to the South?" *Economics Letters* 107 (3) (2010).

[146] Lee , G. , "Direct Versus Indirect International R&D Spillovers," *Information Economics and Policy* 17 (3) (2005).

[147] Levine, R. , et al. , "Financial Intermediation and Growth: Causality and Cause," *Journal of Monetary Economics* 46 (2000).

[148] Lichtenberg, F. R. , et al. , "International R&D Spillovers A Reex-

amination," *European Economic Review* 42（8）（1998）.

［149］ Lombard, J. R. , *Foreign Direct Investment in Producer Services*：*The Role and Impact on the Economic Growth and Development of Singapore*（Ph. D. diss. , State University of New York, 1990）.

［150］ Lundvall, B. and S. Borras, "The Globalizing Learning Economy：Implication for Innovation Policy," *Report from Dg XII Commission of the European*, 12（1997）.

［151］ Markusen, J. R. , et al. , "Trade and Direct Investment in Producer Services and the Domestic Market for Expertise," *The Canadian Journal of Economics* 38（3）（2005）.

［152］ Markusen, J. R. , "Trade in Producer Services and in Other Specialized Intermediate Inputs," *The American Economic Review* 79（1）（1989）.

［153］ Marshall, J. N. , *Services and Uneven Development*（London：Oxford University Press, 1988）.

［154］ Mary, Amiti and Shang-Jin Wei, "Service Outsourcing Productivity and Employment：Evidence from the US," *World Economy* 32（2）（2009）.

［155］ Mattoo, A. , et al. , "Measuring Services Trade Liberalization and Its Impact on Economic Growth：An Illustion," *Journal of Economic Integration* 21（2006）.

［156］ McKee, D. L. , *Growth, Development, and the Service Economy in the Third World*（New York：Praeger Publishers, 1988）.

［157］ Melitz, M. , "The Impact of Trade on Inter-industry Reallocations and Aggregate Industry Productivity," *Econometrica* 71（6）（2003）.

［158］ Miroudot , S. , "The Linkages between Open Services Markets and Technology Transfer," *OECD Trade Policy Working Paper*（2006）.

［159］ Mitra, Arup, "Impact of Trade on Service Sector Employment in India," *Trade Working Papers* (2009).

[160] Newey, W. K. and K. D. West, "Automatic Lag Selection in Covariance Matrix Estimation," *The Review of Economic Studies* 61 (4) (1994).

[161] Pack, H. , "New Perspectives on Industrial Growth in Taiwan," in G. Rains, eds. , *Taiwan From Development to Mature Economy* (Colorado, Boulder: Westview Press, 1992).

[162] Pappas, N. and P. Sheehan, "The New Manufacturing: Linkages between Production and Service Activities," in P. Sheehan and G. Tegart, eds. , *Working for the Future* (Melbourne: Victoria University Press, 1998).

[163] Parameswaran , M. , "International Trade, R&D Spillovers and Productivity: Evidence from Indian Manufacturing Industry," *Journal of Development Studies* 45 (8) (2009).

[164] Park, J. , "International Student Flows and R&D Spillovers," *Economics Letters* 82 (3) (2004).

[165] Park, S. H. , K. S. Chan, "Cross-Country Input-Output Analysis of Intersectoral Relationship between Manufacturing and Services and Their Employment Implications," *World Development* 2 (1989).

[166] Pedroni, P. , "Fully Modified OLS for Heterogeneous Cointegrated Panels," *Advances in Economics* 15 (2001).

[167] Petit, P. , *Slow Growth and the Service Economy* (London: Palgrave Macmillan Press, 1986).

[168] Philippa, D. , C. Findlay, *Trade in Infrastructure Services: A Conceptual Frame* (Oxford: Oxford University Press, 2008).

[169] Porter, M. , *The Competitive Advantage of Nations* (New York: The Free Press, 1992).

[170] Rajan , R. S. and G. Bird, "Will Asian Economics Gain from Liberalizing Trade in Services?" *Journal of World Trade* 36 (6) (2002).

［171］ Roller, L. and L. Waverman, "Telecommunications Infrastructure and Economic Development: A Simulations Approach," *American Economic Review* 91 (2001).

［172］ Rowthorn, R. and R. Ramaswamy, "Growth, Trade, and Deindustrialization," *IMF Staff Papers* 46 (1) (1999).

［173］ Saggi, K., *International Technology Transfer to Development Countries* (Commonwealth Secretariat Press, 2004).

［174］ Se-Hark, Park, "Intersectoral Relationship between Manufacturing and Service: New Evidence from Selected Pacific Basin Countries," *ASEAN Economic Bulletin* 10 (3) (1994).

［175］ Shugan, S. M., "Explanations for the Growth of Services," *Service Quality: New Directions in Theory and Practice* 94 (1994).

［176］ Singelmann, J., "The Sectoral Transformation of the Labor Force in Seven Industrialized Countries, 1920 – 1970," *American Journal of Sociology* 83 (5) (1978).

［177］ Stanback, T. M., *Understanding the Service Economy: Employment, Productivity and Location* (Baltimore: Johns Hopkins University Press, 1979).

［178］ Tang, L. and P. E. Koveos, "Embodied and Disembodied R&D Spillovers to Development and Developing Countries," *International Business Review* 17 (5) (2008).

［179］ Triplett, J. E. and B. P. Bosworth, *Productivity in the U. S. Services Sector: New Sources of Economic Growth* (Washington: Brookings Institution Press, 2004).

［180］ Vernon, R., *Metropolis* 1985 (Cambridge: Harvard University Press, 1960).

［181］ Wolfmayr, Y., "Producer Services and Competitiveness of Manufacturing Exports," *FIW Research Reports* 9 (2008).

图书在版编目(CIP)数据

服务贸易进口的技术含量与中国制造业效率／杨校
美著． --北京：社会科学文献出版社，2018.5
（河南大学经济学学术文库）
ISBN 978 - 7 - 5201 - 2381 - 5

Ⅰ.①服…　Ⅱ.①杨…　Ⅲ.①服务贸易 - 进口贸易 -
关系 - 制造工业 - 工业发展 - 研究 - 中国　Ⅳ.
①F752.68②F426.4

中国版本图书馆 CIP 数据核字（2018）第 044345 号

·河南大学经济学学术文库·
服务贸易进口的技术含量与中国制造业效率

著　　者／杨校美

出 版 人／谢寿光
项目统筹／恽　薇　陈凤玲
责任编辑／宋淑洁　王红平

出　　版／社会科学文献出版社·经济与管理分社（010）59367226
　　　　　地址：北京市北三环中路甲29号院华龙大厦　邮编：100029
　　　　　网址：www. ssap. com. cn
发　　行／市场营销中心（010）59367081　59367018
印　　装／三河市龙林印务有限公司

规　　格／开　本：787mm×1092mm　1/16
　　　　　印　张：11.75　字　数：166千字
版　　次／2018 年 5 月第 1 版　2018 年 5 月第 1 次印刷
书　　号／ISBN 978 - 7 - 5201 - 2381 - 5
定　　价／78.00 元